看图自学钢琴基础教程

人民邮电出版社

北京

图书在版编目（ＣＩＰ）数据

看图自学钢琴基础教程 / 臧翔翔编著. -- 北京 ：
人民邮电出版社，2018.1
ISBN 978-7-115-47089-8

Ⅰ．①看… Ⅱ．①臧… Ⅲ．①钢琴－奏法－教材
Ⅳ．①J624.16

中国版本图书馆CIP数据核字(2017)第260860号

内 容 提 要

本书是为钢琴爱好者量身定制的一本钢琴自学入门教程，本书不仅包括入门的基础课程讲解，还有耳熟能详的经典曲目练习。

本书共分为钢琴介绍、钢琴演奏基础、基础音乐理论、基本演奏符号、音程与和弦练习、三连音与装饰音、不同调的乐曲练习和钢琴乐曲练习 8 个部分，每个部分的课程包括简单的基础知识和演奏知识讲解，并在讲解中配有精美清晰的图片说明；曲目包括适合钢琴初学者练习和表演的简易曲目。读者每天花一个小时就能消化和吸收书中的知识，从而循序渐进地完成曲谱部分的演奏。

本书适合钢琴爱好者自学使用，也可以作为音乐培训学校的教材使用。

◆ 编　　著　　臧翔翔
责任编辑　　郭发明
执行编辑　　杜梦萦
责任印制　　陈　犇

◆ 人民邮电出版社出版发行　　北京市丰台区成寿寺路 11 号
邮编　100164　　电子邮件　315@ptpress.com.cn
网址　http://www.ptpress.com.cn

◆ 开本：787×1092　1/16
印张：8.75　　　　　　　2018 年 1 月第 1 版
字数：483 千字　　　　　2018 年 1 月北京第 1 次印刷

定价：39.00 元

读者服务热线：(010)81055296　印装质量热线：(010)81055316
反盗版热线：(010)81055315
广告经营许可证：京东工商广登字 20170147 号

第 四 章　基本演奏符号

第 五 章　音程与和弦练习

第 六 章　三连音与装饰音

第 七 章　不同调的乐曲练习

第一章 认识钢琴

章节概要：

在学习钢琴演奏之前首先要了解钢琴，包括钢琴的类型、钢琴的选购、钢琴的保养等一些知识，做到心中有数才能更好地走进钢琴演奏的世界中。

第 1 节　钢琴的类型

1.1 三角钢琴

三角钢琴的琴身是平放，且琴槌自下而上敲击琴弦的。因此也称为卧式钢琴，多在大型演出时供专业人士演奏。

三角钢琴

大型三角钢琴长度在 2 米或 3 米以上，属于演奏会用乐器，适用于六剧院、音乐厅和体育馆等大型场合，其对声学品质、弹奏的舒适度、机械灵敏度、工艺品质及使用材料等均有极高的要求。

中型三角钢琴长度为 1.7~2.3 米，适用于演奏厅、剧场演奏会和音乐院校等专业场合。

小型三角钢琴长度在 1.7 米以内，主要用于家庭、小礼堂及小型演奏厅等场合的练习和演出。

1.2 立式钢琴

立式钢琴的主要机件为垂直装置，且作为内部击弦部件的小槌竖立敲击琴弦。立式钢琴价格相对便宜，被称为家庭式钢琴，是钢琴初学者和爱好者最常购买的类型。

立式钢琴

立式钢琴的内部结构

大型立式钢琴高度在 1.3 米以上，一般用于演奏厅、小型剧场、音乐院校及中小学校的演出和教学。大型立式钢琴和大、中型三角钢琴一样，具有较高的声学品质和良好的演奏性能。

中型立式钢琴高度为 1.1~1.3 米，适用于演奏、教学和创作。

小型立式钢琴高度在 1.1 米以内，主要用于家庭娱乐和弹奏练习。

1.3 电钢琴

电钢琴是一种电声乐器，它是 20 世纪 60~70 年代兴起，80~90 年代早期流行的一种用于在某些场合代替钢琴的乐器。其发声原理是将键盘作为通断开关形成电泳，一旦按下琴键，内部的晶振便开始工作，形成脉冲并且产生一定频率的电波，接着经过分频器的放大，送入扬声器发声。整个发声过程是依靠简单的分频模拟电路完成的，所以在弹奏时会没有击弦感觉，声音也较为机械单调。

电钢琴

第 2 节　钢琴的历史

　　18 世纪早期，意大利管风琴制作师巴尔托洛奥·克里斯托弗里为佛罗伦萨的贵族菲迪南德·梅迪契制作了一架与羽管键琴的外形和结构相似的钢琴。之后克里斯托弗又制作了一架能同时演奏弱音和强音的钢琴，从此开始了钢琴艺术的历史纪元。在意大利语中，"钢琴"就是指能同时发出强音和弱音的羽管键琴。后来，克里斯托弗里将闲暇时间完全投入在钢琴的革命性发明中，从 1709 年到 1732 年逝世为止，他一共做出了 25 架钢琴。钢琴的前身是击弦古钢琴，而不是羽管键琴。羽管键琴是通过拨动琴弦而发声，而钢琴则是通过敲击琴弦来发声的。用钢琴可以演奏任何风格的乐曲，但不一定能达到真正完美的效果。因为敲击琴弦发出的声音不像人的嗓音，人的嗓音可以保持一定的强度不变，而琴弦受到敲击之后，声音会由强变弱。所以钢琴的演奏不能完全达到人声演唱的效果，但是，如果演奏者技艺精湛，也可以演奏出接近人声的音色。当琴弦的声音开始下滑的时候，尽量保持连奏，减少间歇，使声音连贯和圆润，这样就能演奏出类似人声演唱的音色。要达到这样的音响效果，演奏者必须有超凡的技艺，否则，击弦后声音的强度就无法保持不变。钢琴的质量不仅直接关系到琴弦声音强度的稳定性能，而且还会影响到演奏的效果。钢琴也是一种和声乐器，因为钢琴能弹奏所有的音阶，可以奏出各种和声，所以钢琴可以演奏各种乐曲。

早期的钢琴引起了许多乐器制作师的兴趣，他们对这种乐器进行了改进，但是这种钢琴最终没有得到全面的发展。哲学家伏尔泰曾经说："制作钢琴和羽管键琴应当是制锅的工匠干的活"。在早期的钢琴中，如果触键太轻，琴槌就不能接触到琴弦；如果触键太重，琴槌则会反弹，造成重复击弦，声音就会很难听。直到克里斯托弗里使用擒纵装置之后，才彻底解决了这些问题。虽然克里斯托弗里发明了钢琴，但热衷于歌唱和小提琴的意大利人却对这项新发明不感兴趣。在克里斯托弗里去世后，德国人很快就掌握了钢琴的制作方法。

德国的管风琴制造师戈特弗里德·希尔伯曼同时也是巴赫的朋友，一直梦想着制造有很大动态范围的乐器，在各种机缘巧合之下他发现了克里斯托弗里的琴槌装置的图纸，并付诸实施。18 世纪 40 年代末，菲特烈大帝购买了超过一打的希尔伯曼钢琴，并把它们放置在柏林的皇宫和各处行宫中。在此之前一年，巴赫曾经试弹过希尔伯曼的钢琴，这位羽管键琴和管风琴大师对它自己制作的钢琴并不满意，但当他拜访菲特烈大帝并再次试弹改进过后的新装置时，巴赫宣称它完美无瑕，难怪巴赫的钢琴作品是目前留存在世最早的钢琴曲。

1843 年，波士顿钢琴制造商琼纳斯·契柯林发明以铸铁型框架制造钢琴的外框，这样不但使钢琴持久不走音，其嘹亮的音响还可传遍音乐厅的每一个角落。克里斯托弗里的原型钢琴远比现代钢琴轻巧，而现代钢琴已多达两万件的零件，荣登"工业革命之女"宝座，钢琴从此成为浪漫派的乐器代表。在浪漫派时代，钢琴天才们纷纷降生。德国的菲利克斯·门德尔松于 1809 年出生，波兰人弗里德利克·肖邦于 1810 年出生，匈牙利的弗朗茨·李斯特 1811 年出生。他们为钢琴创造出一个充满鲜明个性与浓烈情感宣泄的视野。

　　自 1860 年起，人类进入了真正的钢琴时代。英国的乐器制作大师布罗德伍德对立式钢琴的琴弦设计进行了改进，使低音音域更加宽广。同时还用踏板代替了操纵旋钮和膝板。布罗德伍德也对三角钢琴进行了改进，使钢琴的声音增加了强度和共鸣性，但同时又使声音的清晰度有所减弱。19 世纪初，法国人塞巴斯蒂安·埃拉尔开始在琴架上使用金属支撑杆。1822 年，埃拉尔又迈出了最重要的一步，那就是在钢琴中使用了双重擒纵装置，这就使演奏者能够迅速地连奏同一个音，于是就可以用钢琴来演奏各种旋律了。现在的钢琴都是采用双重擒纵装置，因此埃拉尔被誉为"现代钢琴之父"。德国人亨利·帕普也是一位多产的发明家。1826 年，帕普想出了一个很有创意的办法，那就是用尼绒垫代替琴槌上的皮垫。此外，三角钢琴和立式钢琴也出现了一些重要的发明，比如琴弦交叉安装，既加长了琴弦，同时又使摆放琴码的位置变得更加合理，而低音琴弦和高音琴弦的重叠，使钢琴获得了更加理想的共鸣效果。

　　随着社会文明的发展，钢琴在上流社会越来越受欢迎，新的钢琴品牌应运而生。19 世纪后半叶，美国的亨利·斯坦威成为令人瞩目的钢琴制造商。工业革命推动了机械制造业的发展，钢琴制作技术又有了新的改进。19 世纪中期，德国的钢琴制造业发展迅速，一些历史悠久的钢琴品牌也在积极地进行技术革新，他们制作的钢琴占领了欧洲大大小小的音乐厅。直到 1914 年，美国的斯坦威钢琴进入欧洲市场之后，才结束了德国钢琴的垄断地位。第一次世界大战爆发之前，德国制造的钢琴以优良的质量闻名于世，英国人则擅长制作用于教学的钢琴，法国的埃拉尔和普莱耶尔两大品牌制造商则主要生产用于演出的钢琴。在那个时代，乐器制造商们不遗余力地改进制作技术，为钢琴注入更丰富的音色。

　　20 世纪是一个分水岭。在进入 20 世纪的同时，钢琴进入了现代化阶段。与众多的音乐家相比，一位法国的音乐家在 20 世纪初创立了一套新的作曲体系，他就是克劳德·德彪西。德彪西不仅是一流的钢琴演奏家，同时又是杰出的钢琴作曲家。他在音乐创作中进行了许多新的探索，他把钢琴当作一种可以制造丰富的色彩和独特的音响效果的调色板，激进的和声语言也是他为 20 世纪音乐创作带来的最大礼物。

　　从第一架古式钢琴的出现到现代钢琴的逐渐普及，钢琴的制作经历了近 300 年的历史。经过历代制琴大师的不断改进，钢琴的构造日趋完善，音色更加完美，它已经成为现代乐器中音域最广阔、表现力最丰富的键盘乐器。300 年钢琴的发展历史不仅反映了人们在音响审美上的追求，还勾勒出了乐器和演奏者之间的相互促进关系的动人画卷。然而钢琴家在将自己的情感与心境投入到钢琴作品时，完成的不仅仅是对作品的二度创作，更多的是演奏家在追求琴人合一的境界，即实现钢琴作为自我情感媒介的功能。钢琴历史的 300 年，就是人类文明向前的 300 年。

　　在选购钢琴时需要注意的是必须到正规琴行或正规生产企业的销售门市购买，产品标识应完整、齐全。有商标及规格型号、说明书、合格证、检验员、出厂日期、保修卡以及生产企业名称、地址等。尽量购买本地产品，不仅可避免因气候差异对钢琴造成的影响，而且价格相对便宜，产品的售后服务也较便利。

　　关于声音方面，首先中音区要好，要连贯一致，次低音区音色要纯正、洪亮，有穿透性，震撼力强，有钟鸣的效果。

　　首先"看"：①外壳的上门、下门、顶盖、侧板、键盘盖等都是用木料制作，高档琴用原木，普及琴用合成木料。最怕的是用废板材，这种琴往往被贴面板包裹得很漂亮，大家要注意辨别。②仔细察看后面的音板，优质音板的外在特征是纹路细密、板色统一、板面平整、装配紧密。③察看键盘盖，工艺好的琴键盘平整，键隙匀称，键子有弹性，摸上去紧密不松动。④装组的精细程度能反映琴的工艺水平。工艺佳的钢琴外壳装配紧凑，线条流畅，活动间隙均匀在 1 毫米左右。⑤油漆并不是越亮越好。钢本油漆感觉上应该有一定的厚度、耐看，反照出来的影子有立体感。很亮很"完美"的漆饰，有时候是廉价家具的漆饰。

　　其次是"弹"：①轻轻地弹，感受一下键子反应是否灵敏。手感好的琴弹起来轻松灵活，有深度感；黑白键弹力相近，键子有"反弹手指"的感觉。②检验踏板。弹和弦，然后踩下右踏板，听其声音是否洪亮，放开踏板后声音要完全消失，没有任何杂音。尤其重要的是，边弹边踩踏板时，键子是否能反应灵敏。③如果具备了一定的钢琴弹奏能力，最好在所选的琴上反复地弹一些琶音或宽广的经过句、颤音、震音等，检验其手感和音色。④用力弹，如果有键子声音发炸，则说明在某处有问题，在中低音和中高音的交界处尤其要多重弹几下，检查其衔接程度如何。

最后是"听"：①听其发音长不长。弹响琴键后，不要放开键子，余音越长越好。②听其共鸣是否饱满。共鸣好的钢琴发音圆润，不炸不木，没有杂音；共鸣差者却发音干硬、音头重、传不远。③听其发音是否统一。低音特别响高音又很短促的琴，最好不要买；另外，某个音特别尖锐、刺耳，低音有"麻音"等现象，都是发音不统一的表现，注意不要购买这种琴。

钢琴的音量大小应该是按照钢琴的规格不同而有差异的。通常比较大的钢琴因为它的琴弦相对较长、音板相对较大，所以正常的情况下，大琴应该比小琴的音量大些。钢琴体积是由它的不同用途和不同要求而设定的，有了钢琴体积才有具体的钢琴规格。需要哪种规格的钢琴，除去使用要求外，还应该按照放置环境定。一般家庭用钢琴大都选用中型、小型立式钢琴或小型三角钢琴。因为中小立式钢琴不但在居室里摆放体积适当，而且具有特意为家庭练琴使用的中间踏板弱音功能。

第 4 节　钢琴的保养

4.1　良好的通风

钢琴需要良好的通风环境，不良的通风环境会对钢琴造成损坏。钢琴最好置于房间的中央，或靠房间的内墙放置，避免将钢琴靠房屋外墙放置，以防止外界气候变化对钢琴的音质和音量产生不良影响。

4.2　勿靠窗放置

尽可能不要将钢琴放置于窗前，钢琴的外壳是木质结构，要避免阳光的直射以及温度湿度的骤变。若受条件所限必须将其靠窗放置时，一定要在窗户上悬挂厚窗帘来保护钢琴。

4.3　远离热源

钢琴要远离散热器或加热器等热源，以免伤害钢琴外部和内部构件，导致音质、手感品质下降。

4.4　湿度对钢琴的影响

钢琴由绒、毡、皮及木材制成的击弦机构件精密度很高，允许的误差很小。这些构件对湿度的变化极其敏感，湿度过高会导致击弦机运动迟钝，琴声沉闷，金属部键生锈和琴键失灵等问题出现。

4.5　高湿环境下钢琴保养

通常，在多云或阴雨天气请您务必关好琴房的窗户，每次弹琴后务必合上琴盖及钢琴顶盖。在阴暗潮湿的环境可以套上琴罩以防止空气中的水分侵入，但在晴朗的天气要将琴罩及时晾干。如果您生活在如下的环境，则需更加注意：沿海及多雨地区、位于山谷并朝向山坡的房间或排水设施不完善地区、不超过两年的新混凝土建筑、朝北的阴湿的房间。

勿将物品放置在钢琴的顶盖上

如果在钢琴的顶盖上放置重物会产生杂音。一瓶鲜花会使钢琴更具风采，可是一旦花瓶破裂，水就会流到钢琴内部导致金属件生锈、击弦机变形等严重后果。所以为避免意外，除乐谱和节拍器外，建议任何物品都不要放置于钢琴的顶部。特别是塑料制品、乙烯制品、含酒精的物品、液体化妆品、杀虫剂、气雾剂、涂料等化工产品等。

4.6 保持钢琴清洁

灰尘会影响击弦机系统的灵活性并产生杂音。用户要勤于用软布或羽毛扫清除钢琴上的灰尘，并使用软布擦拭钢琴外壳。定期用干燥的（不可用湿抹布）软布擦拭键盘，切勿使用含有酒精的清洗剂以免琴键破裂。若琴键上有污迹，可用软布蘸少许肥皂水擦去，但不能用同样的方法擦拭外壳。注意养成用干净的手指弹琴的习惯，以确保长期保持键盘的清洁。

第二章　钢琴演奏基础

章节概要：

在进行钢琴演奏之前首先要掌握钢琴演奏最基础的知识，即坐姿、手型、指法等。从本章开始，你便开始了愉快的钢琴之旅。通过本章的学习你将掌握指法、手型、踏板的用法、几种钢琴演奏的弹奏法，为学习后面的内容奠定坚实的基础。

第 1 节　钢琴演奏的姿势

1.1 坐姿

良好的坐姿是弹琴的开始，这关系到你是否能够正确地演奏钢琴。良好的坐姿是放松的，能否做到全身的放松关系到能否培养自己练习钢琴的积极性。

第一步是调整好琴凳的位置，具体位置要根据自己的身高而定，让双脚靠近钢琴踏板的附近即可。

第二步是坐在琴凳上的位置，要坐凳子的二分之一或三分之一处，切记不可全坐凳子。

第三步是找准坐的位置，要坐在钢琴的中间，即正对着钢琴品牌字母，鼻尖对准中央 C（小字一组的 do ）。

需要注意的是，坐姿演奏时一定要肩膀放松，后背挺直，不可弯腰驼背。

1.2 手形

正确的手型是把双手轻轻地握成拳头，然后自然展开，手掌空心呈弧形状像，握住了一个乒乓球，手指自然弯曲，指尖触键。

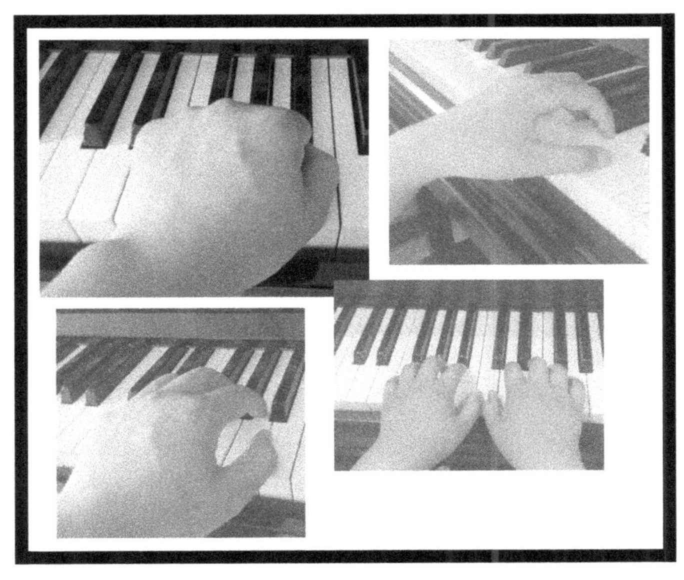

第 2 节　钢琴的基本演奏法

演奏方法也可以称为触键方式，不同的触键方式在相同的曲子中会带来不同的音乐效果。触键的效果很多时候取决于手腕的放松程度，所以在演奏钢琴时一定要注意手指、肩膀的放松。下面是三种不同的钢琴演奏的方式，根据不同的练习所运用的触键方式会有所不同。

2.1 高抬指

高抬指是在保证手型不变的基础上将手指高高抬起，这是为了锻炼手指的独立性以及手指的力度而专门发明的弹奏方法，主要用于弹奏哈农练指法，通过高抬指的长期练习可以有效训练各个手指的控制与协调能力。

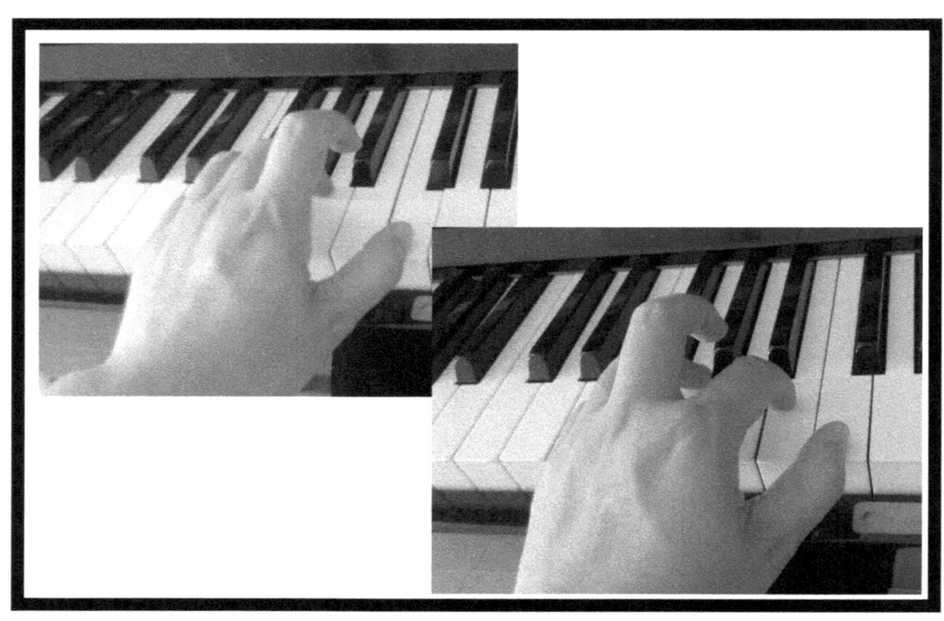

2.2 断奏

断奏是指所演奏的音不将时值演奏满，只演奏音符时值的三分之一左右的长度，例如一个一拍的断奏音符，只弹奏 0.3 拍左右的时间。弹奏时就像指尖触碰了针尖，立即弹起手指，就像袋鼠走路一跳一跳的感觉。对于断奏来说，发音必须短促有力。

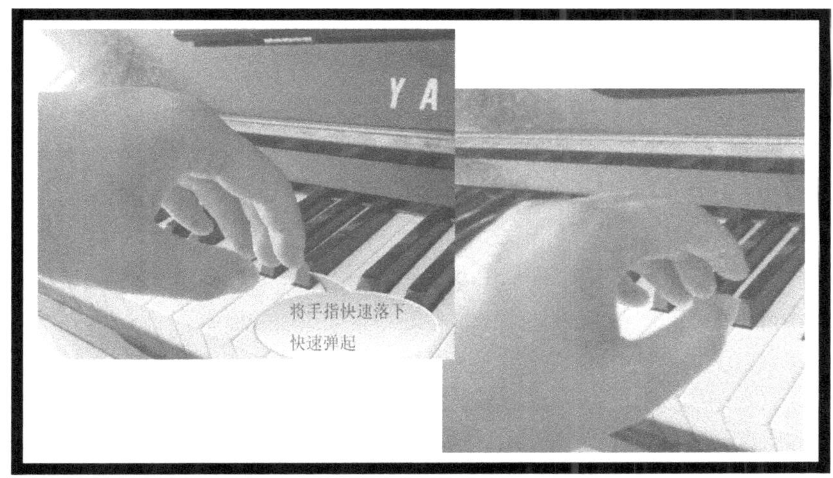

2.3 连奏

连奏是连贯地、不间断地奏出旋律的每一个音。新的音要在不知不觉中弹出来。手腕放松向下落时指尖站稳，力度集中到指尖使声音饱满悦耳。手腕仍在低位时下一个手指不需要用力弹，要稍靠近琴键触键，指尖保持弯曲，只靠手腕轻轻带起的力量发声。

2.4 延音踏板

钢琴上有三个踏板，最常用的是最右边的延音（制音）踏板，作用是让声音延长。其作用除了能延续声音外还可以使钢琴音色更加丰富、优美。

在乐谱中，需要踩踏板的地方会用标记标出：

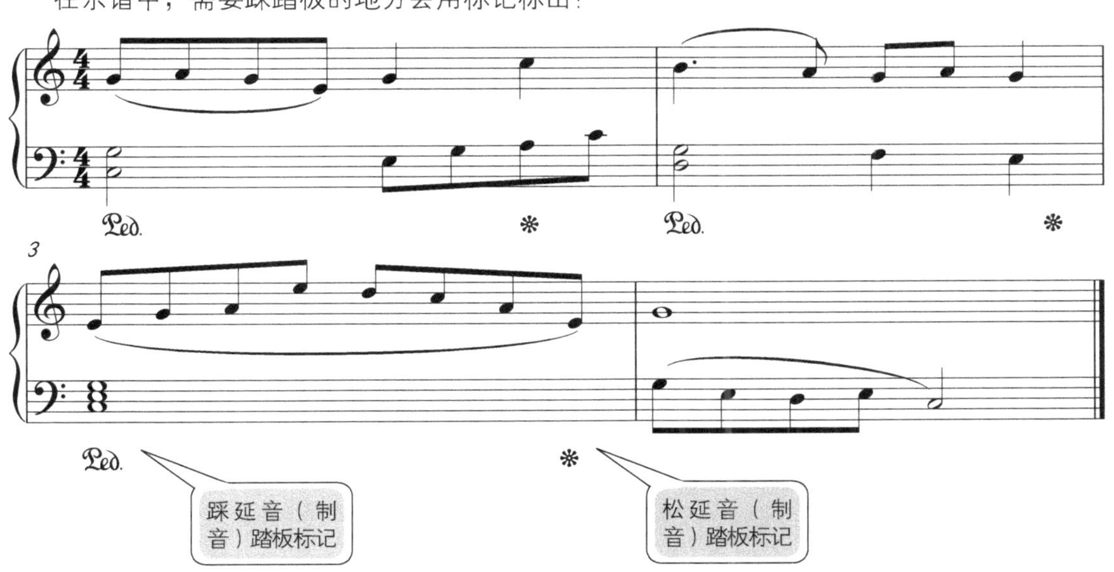

第 3 节　指法

　　"指法"指手指动作的原创与方法，指明标注音符用哪只手指弹奏。手指分别用1、2、3、4、5五个阿拉伯数字表示。从大拇指到小拇指依次标注为1、2、3、4、5指，当乐谱中的音符上标注有相应的数字时，需要按照数字标注的指法弹奏。

　　大拇指：标记为"1"

　　食　指：标记为"2"

　　中　指：标记为"3"

　　无名指：标记为"4"

　　小拇指：标记为"5"

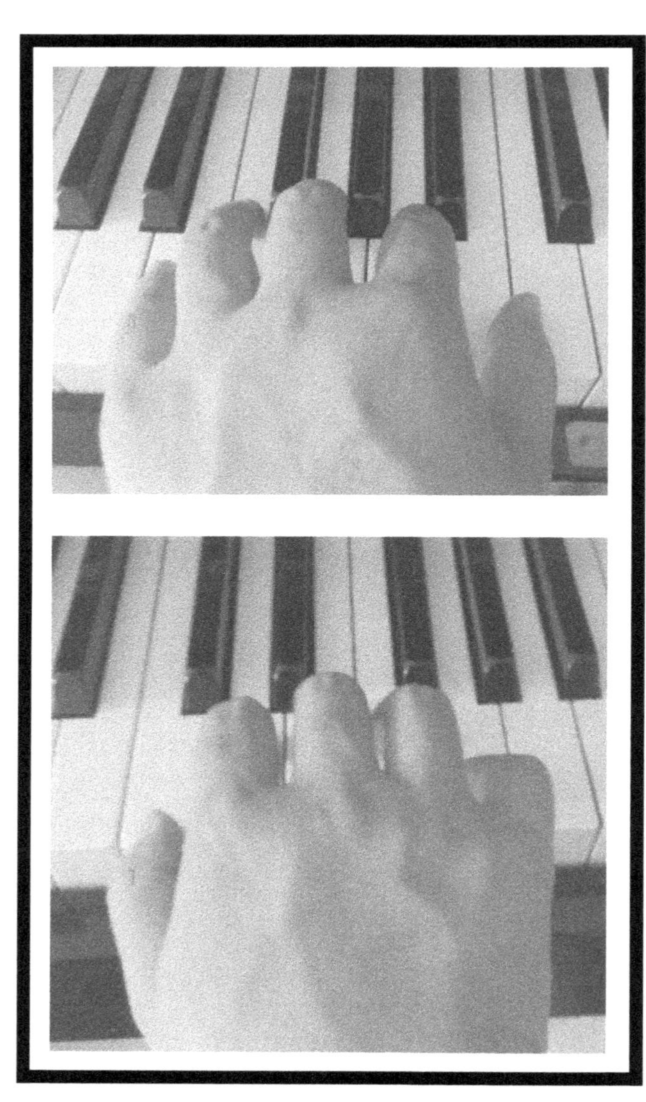

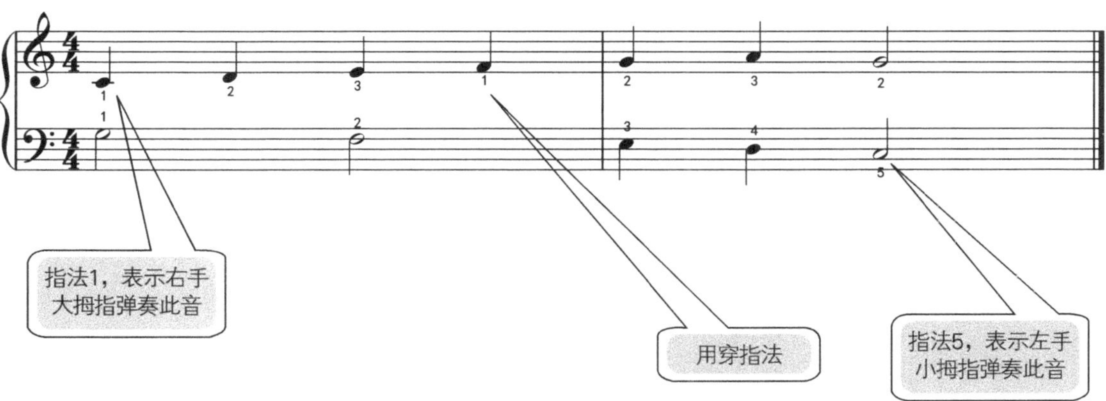

穿指法即大拇指从中指下面穿过的意思。

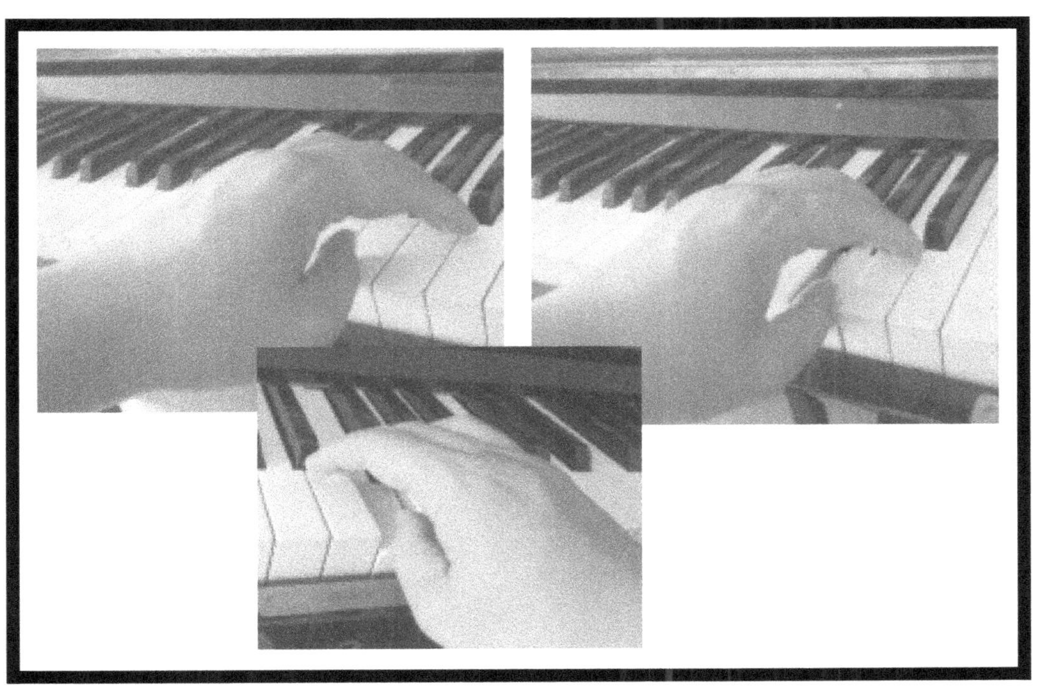

第三章　基础音乐理论知识

章节概要：

　　音乐理论是学习钢琴的基础，如果没有理论的支撑，想要掌握钢琴的弹奏是非常困难的。本章通过图文并茂的方式，将理论的学习与实践操作相结合，使枯燥的理论学习变得生动形象且易于理解。

第 1 节　认识五线谱

　　钢琴曲都是用五线谱记录的，"五线谱"顾名思义是由五条线构成的乐谱。五线谱由五条线与四个间组成，将音符书写在线与间上就是乐谱，如图 3-1 所示。五线谱最下方的线为第一线，依此类推最上方的线为第五线，第一线与第二线之间的间叫作"第一间"，依次往上推，第四线与第五线之间的间叫作"第四间"。

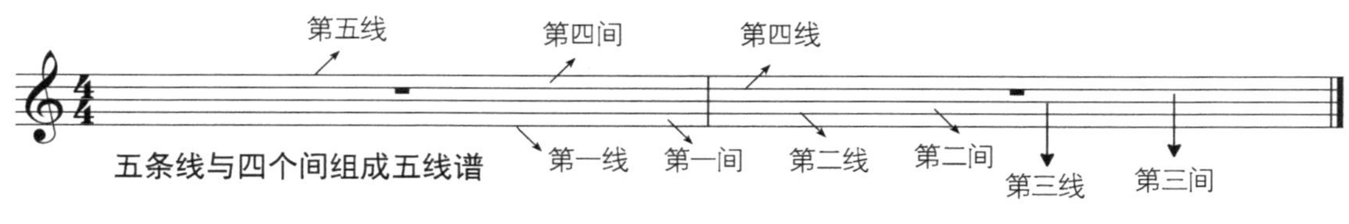

图 3-1　五线谱

　　由于钢琴是需要左右手共同协调弹奏的乐器，故而钢琴的乐谱使用的是由两组五线谱组成的大谱表，又叫作钢琴谱表，如图 3-2 所示。

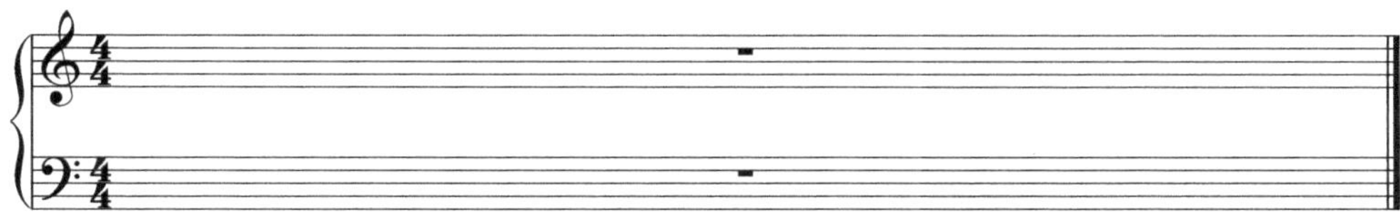

图 3-2 钢琴谱表

钢琴谱表由谱号（高音谱号与低音谱号）、拍号、小节线组成，如图 3-3 所示。

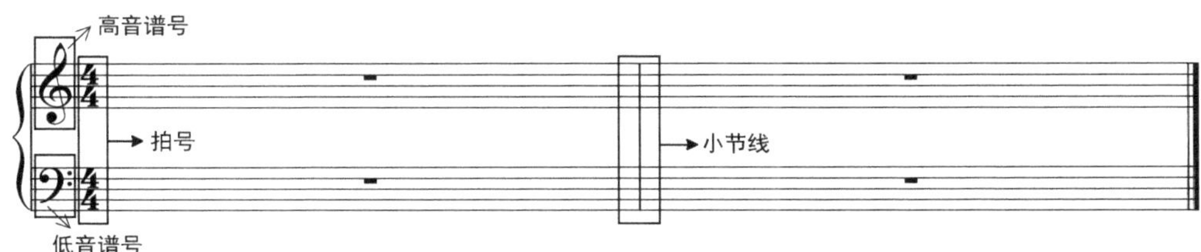

图 3-3 钢琴谱表的组成

谱号：谱号有高音谱号、低音谱号、中音谱号、次中音谱号之分。钢琴的谱表中一般只使用高音谱号与低音谱号（谱号的写法如图 3-2 所示）。不同的谱号表示着五线谱上音符音名的不同。

拍号：拍号决定着音符的时值（即音符具体要弹奏的时间）。

小节线：小节线是将各个小节分开的线，根据拍号划分小节。

【提示】：五线谱上能够书写的音符是有限的，而钢琴上有 88 个键，如何在五线谱上书写呢？这就需要在五线谱上加线了，如图 3-4 所示。

图 3-4 加线

【解惑】：钢琴谱表为何将两行五线谱组合在一起？

答：钢琴弹奏是需要左右手相互配合的，用两行五线谱来分别代表左手和右手会方便识谱与演奏。钢琴谱的下方为左手弹奏谱，上方为右手弹奏谱，如图 3-5 所示。

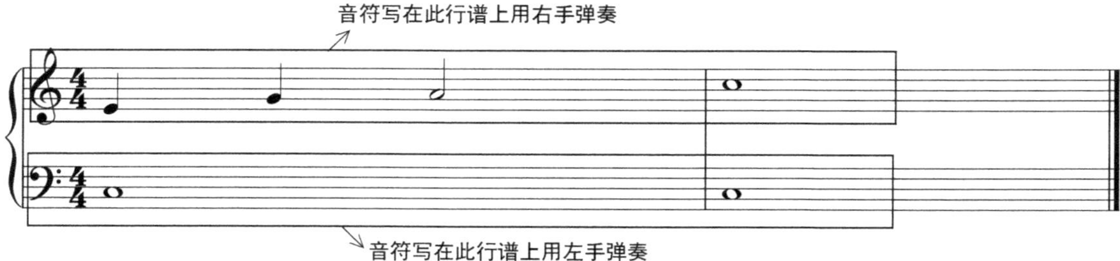

图 3-5 钢琴谱表

第 2 节　认识音符

音符在五线谱上起到两个作用，一是告诉演奏者需要弹奏的位置，二是提示每一个音符需要弹奏多久的时间（即时值）。

2.1 音符与音符时值

全音符

写在五线谱上的椭圆形的符头既是"全音符"，如图 3-6 所示。一般情况下全音符要弹奏"四拍"。（如果 1 拍为 1 秒时值的话，4 拍即为 4 秒，将琴键按下不松手保持 4 秒即是 4 拍。）

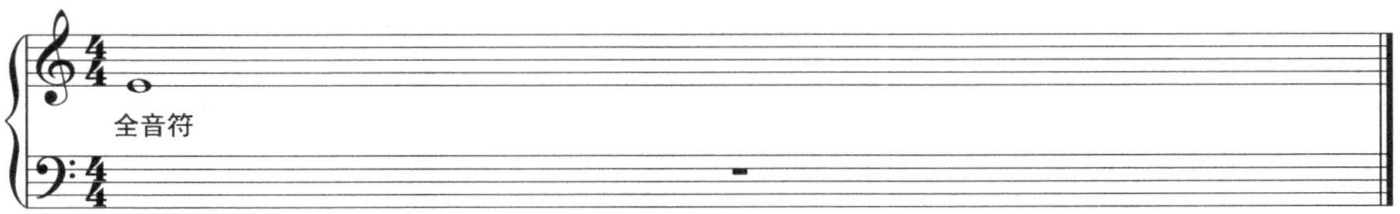

图 3-6 全音符

二分音符

二分音符由一个白色空心的圆加一条竖线（符杆）构成，如图 3-7 所示。一般情况下二分音符要弹奏"2 拍"。（如果 1 拍为 1 秒时值的话，两拍即为 2 秒，将琴键按下不松手保持 2 秒即是 2 拍。）

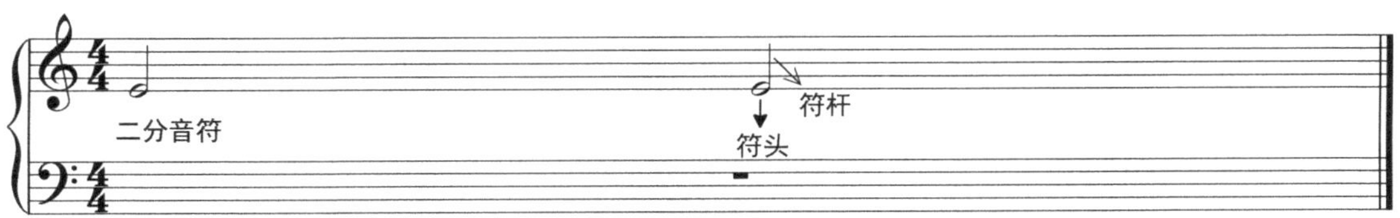

图 3-7 二分音符

四分音符

四分音符由一个黑色的符头加一条符杆组成，如图 3-8 所示。一般情况下四分音符要弹奏"一拍"。（如果 1 拍为 1 秒时值的话，将音符弹下不松手保持 1 秒即是 1 拍。）

图 3-8 四分音符

八分音符

八分音符由一个黑色符头加一条符杆和一条符尾组成，如图 3-9 所示。一般情况下八分音符要弹奏"半拍"。（如果 1 拍为 1 秒时值的话，半拍即是 0.5 秒，将音符弹下不松手保持 0.5 秒即是半拍，也就是说 1 秒钟要弹奏两个八分音符。）

图 3-9 八分音符

两个八分音符为一拍，所以一般情况下在音符书写时会将两个八分音符的符尾连接在一起。如果是连续的四个八分音符，一般情况下会把四个八分音符的符尾连接在一起，如图 3-10 所示。

图 3-10 八分音符符尾的写法

十六分音符

十六分音符由一个黑色符头加一条符杆和两条符尾组成，如图 3-11 所示。一般情况下十六分音符要弹奏"四分之一拍"。（如果一拍为 1 秒时值的话，四分之一拍即是 0.25 秒，将音符弹下不松手保持 0.25 秒即是四分之一拍，也就是说半秒要弹奏两个十六分音符，1 秒要弹奏四个十六分音符，也即 1 拍要弹奏四个十六分音符。）

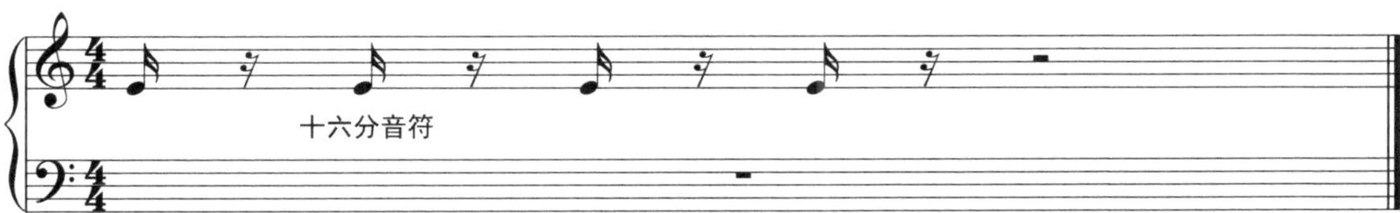

图 3-11 十六分音符

四个十六分音符为 1 拍，所以一般情况下在音符书写时会将四个十六分音符的符尾连接在一起。如果是两个连续的十六分音符，则会把两个十六分音符的符尾连接在一起，如图 3-12 所示。

图 3-12 十六分音符符尾的写法

休止符

有音符就相应的会有休止符，休止即停止的意思，也可理解为此处没有声音。休止符有全休止符、二分休止符、四分休止符、八分休止符、十六分休止符等，如图 3-13 所示。休止符休止的时值（即时间长度）与相应的音符时值相同，例如全休符休止 4 拍，如果每拍为一秒钟，即在这 4 秒钟里没有声音。二分休止符休止两拍，如果每拍为一秒钟，即在这 2 秒里没有声音。

图 3-13 休止符

2.2 五线谱上音符与对应琴键的位置

音符分别由七个唱名组成：do、re、mi、fa、sol、la、si，相应的唱名分别对应着音名：C、D、E、F、G、A、B，如图 3-14 所示。

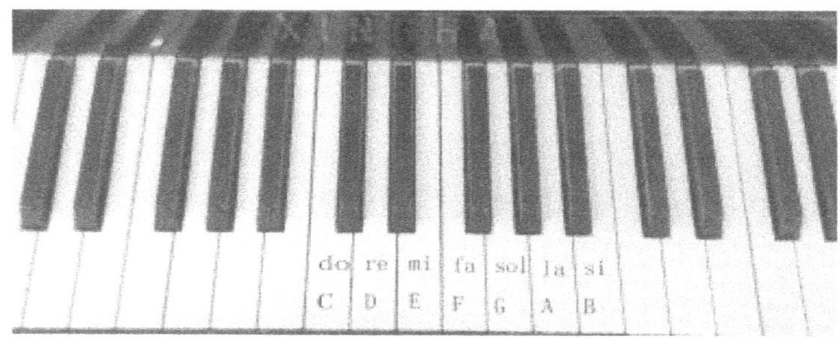

图 3-14 音符唱名与音名

在钢琴谱表的高音谱表部分，它的五条线与四个间分别代表着钢琴相应的键盘位置，如图 3-15 与图 3-16 所示所示。

图 3-15 高音谱表五线上的音符

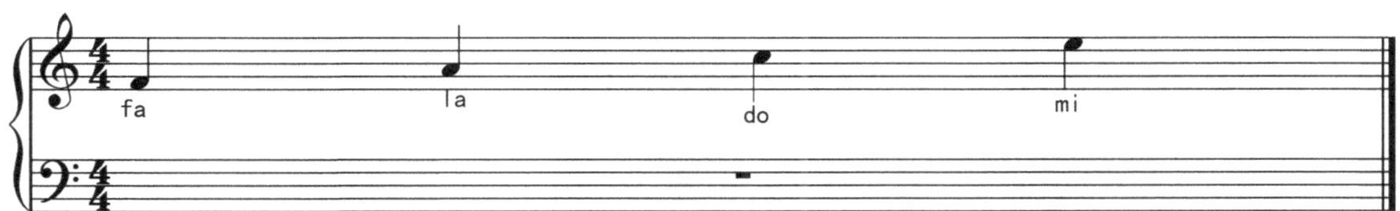

图 3-16 高音谱表四间上的音符

在钢琴的键盘上分别为如图 3-17 与图 3-18 所示的位置。

图 3-17 音符在键盘上的位置

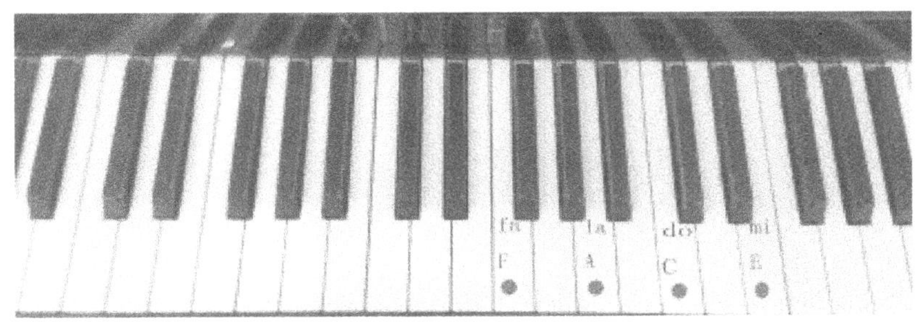

图 3-18 音符在键盘上的位置

在钢琴谱表的低音谱表部分，它的五条线与四个间分别代表着钢琴相应的键盘位置，如图 3-19 与图 3-20 所示。

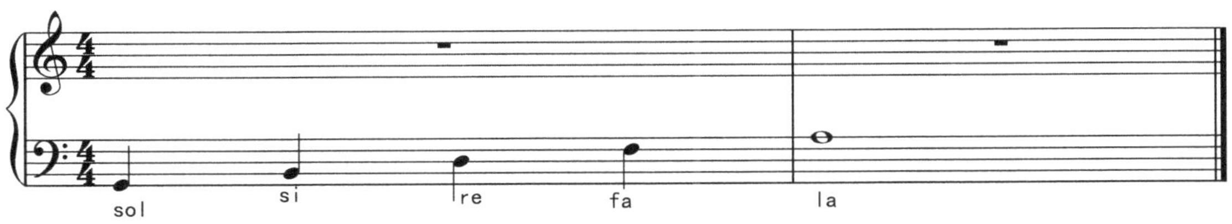

图 3-19 低音谱表五线上的音符

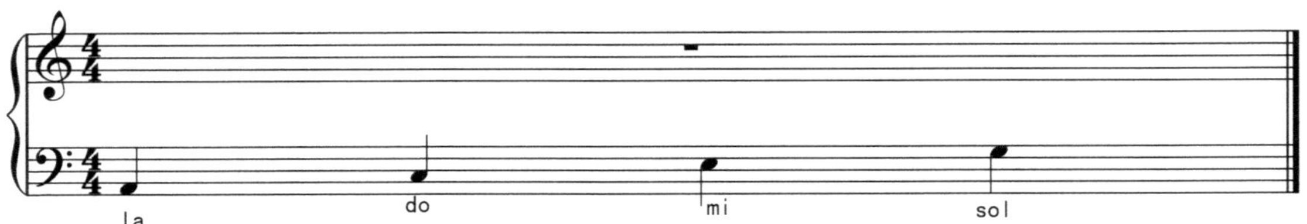

图 3-20 低音谱表四间上的音符

在钢琴的键盘上分别为如图 3-21 与图 3-22 所示的位置。

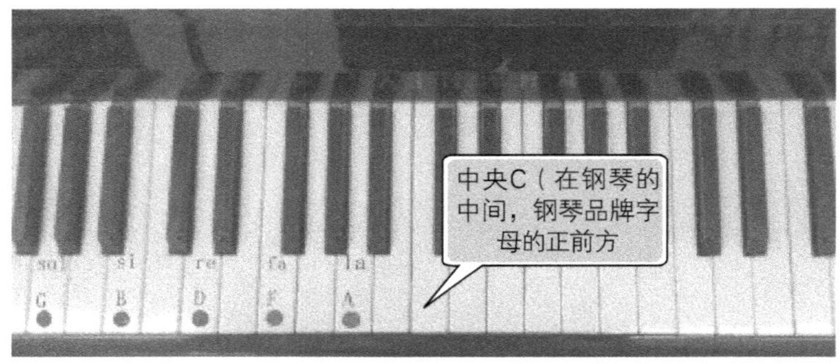

图 3-21 音符在键盘上的位置

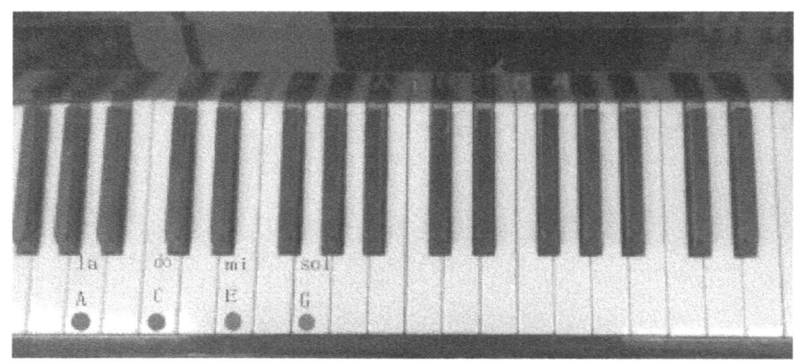

图 3-22 音符在键盘上的位置

"拍号"决定着音符需要弹奏的时值，上文提到的音符时值都是建立在以四分音符为 1 拍的基础上而弹奏的，在日常的弹奏中还会遇到以八分音符为 1 拍的乐曲，这就需要弹奏者对拍号的概念有充分的了解。

拍号写在谱号的后面，如果乐曲有调号则拍号写在调号的后面，如图 3-23 所示。

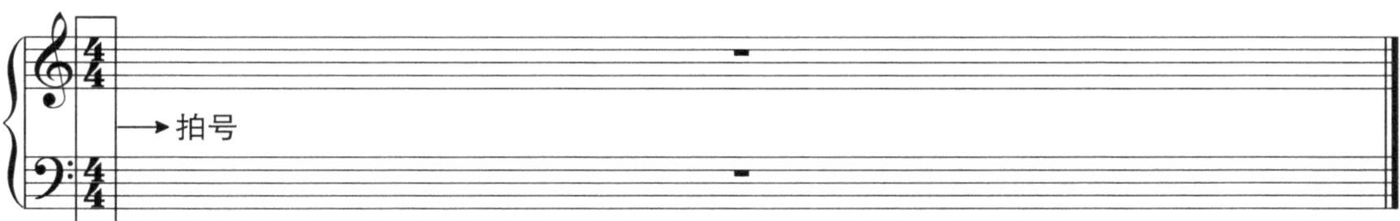

图 3-23 拍号

拍号显示的数字表示的是一小节有几个单位拍。一般情况下，常见的拍子有 4/4 拍、3/4 拍、2/4 拍、3/8 拍、6/8 拍这些拍子。4/4 的意思是以四分音符为 1 拍，每小节四拍。2/4 的意思是以四分音符为 1 拍，每小节两拍。3/8 的意思是以八分音符为 1 拍，每小节 3 拍。以 4/4 拍为例，4/4 拍就是说一小节以内，全部的音符加起来只能有 4 拍，如图 3-24 所示。

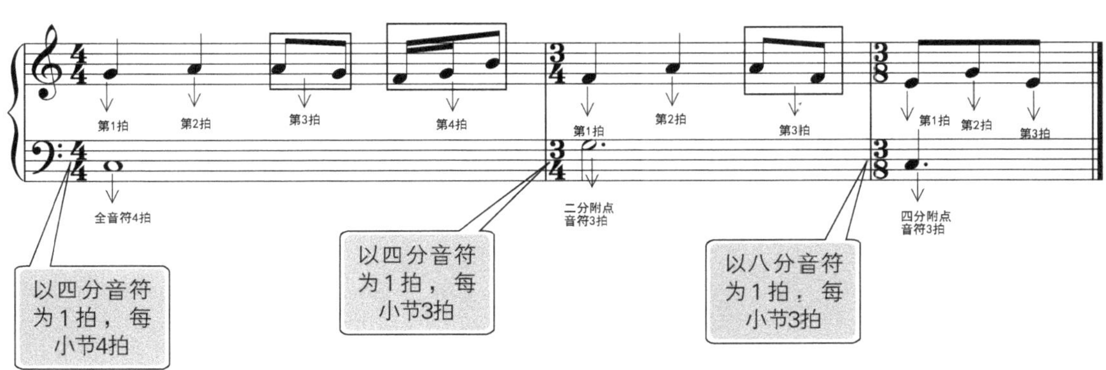

图 3-24 节拍

【提示】：在弹琴的过程中，教师总会鼓励学生大声唱出音符和拍子，因为唱出拍子可以增强对音符的记忆以及对节拍时值的掌握。所以在练习过程中读者朋友们一定要大声唱出音符与节拍，如图3-25所示。养成一个好的习惯对您演奏水平的提高是很有帮助的，当然在经过一段时间的练习以后就不需要唱出声音了，那时候您已经拥有了内心听觉，完全可以凭感觉掌握音乐的节奏。

图 3-25 唱谱与唱拍

第 4 节　C 调音阶

音阶就是我们常说的 do、re、mi、fa、sol、la、si 七个音，在钢琴谱表与键盘对应的位置如图 3-26 与图 3-27 所示。

右手：

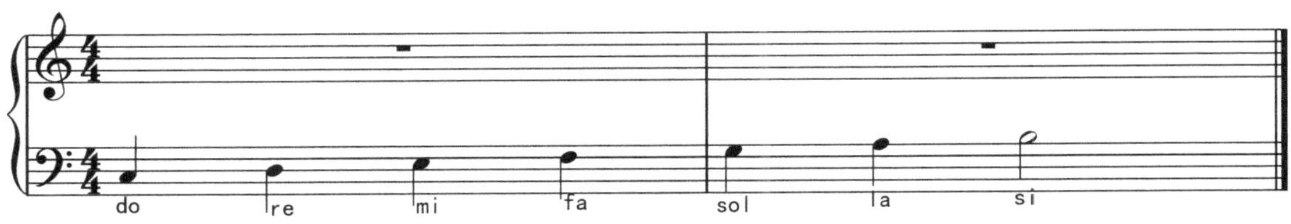

在键盘上的位置为：

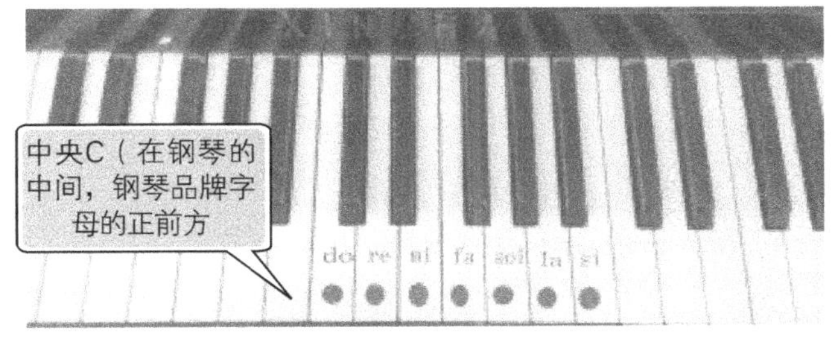

图 3-26 右手音阶

左手：

在键盘上的位置为：

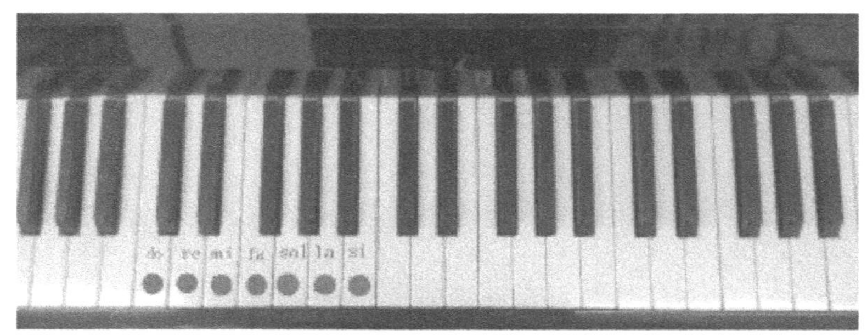

图 3-27 左手音阶

【解惑：】五线谱上其他位置的音在键盘上如何找到呢？

答：从上图可以发现，无论是键盘还是五线谱，其音的排列是有顺序的。且音阶只有七个音，也就是说从 do 到 si 之后又是 do，循环往复，如图 3-28 所示。区别只是音高改变了，在键盘上向右音高逐渐变高，向左音高逐渐变低。在五线谱上向上音高逐渐升高，向下音高逐渐降低。

图 3-28 音阶

左手在键盘上的位置为：

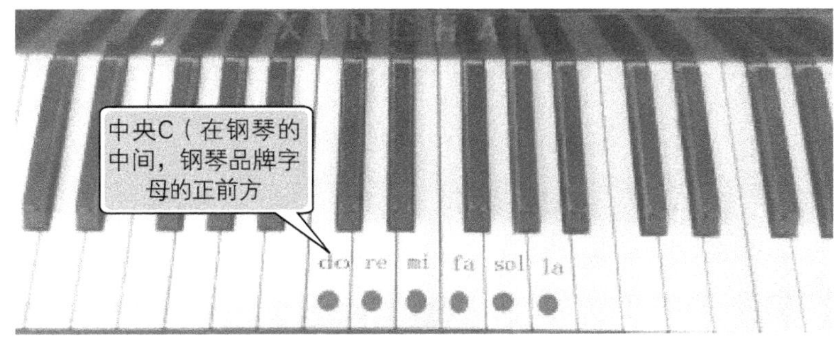

图 3-28　左手音阶

右手在键盘上的位置为：

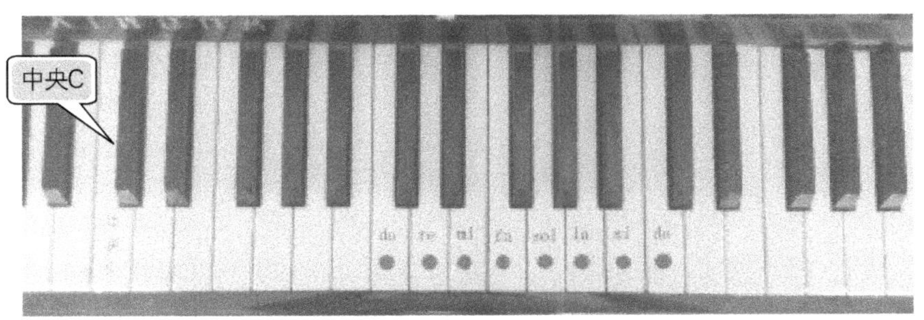

图 3-28　右手音阶

第 5 节　练习C调音阶与节奏

5.1 右手练习

全音符

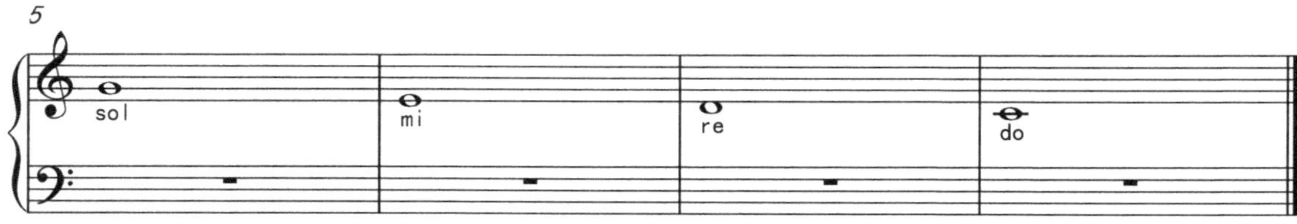

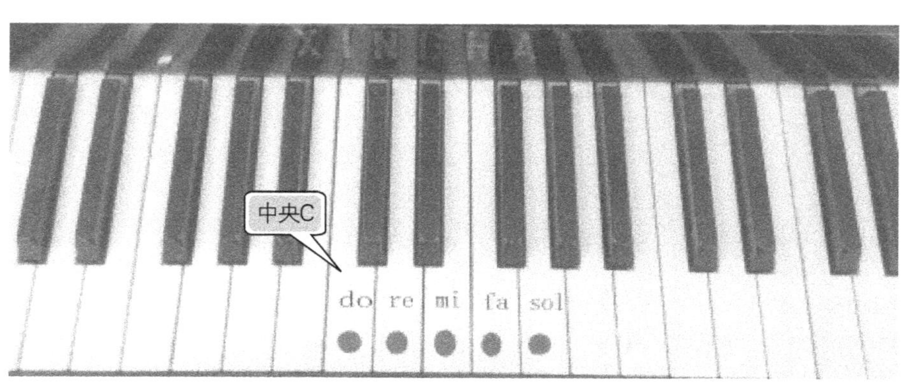

二分音符

sol
la
si
do
re
do
si
sol

5
la
si
do
la
si
sol
sol

中央C
sol la si do re

四分音符

注意指法的变化
3

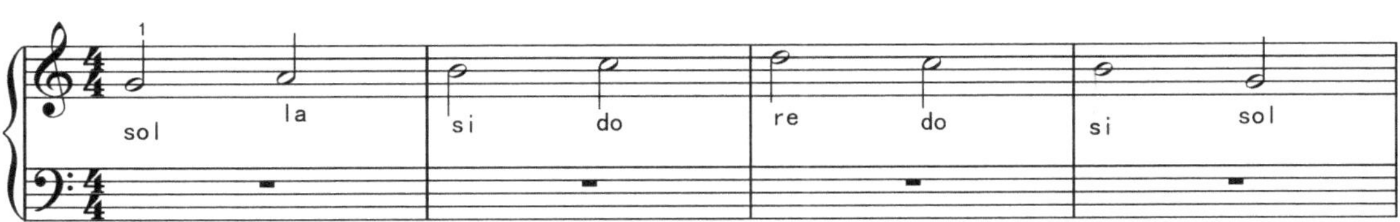

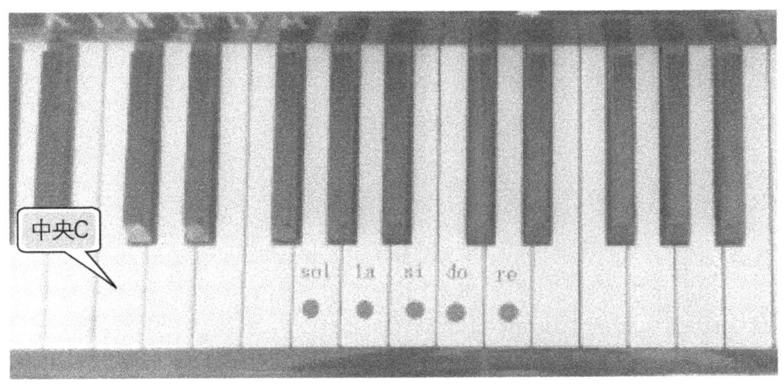

do re mi fa sol la
中央C

八分音符

八分音符，一拍弹两个音
注意这个do在键盘上的位置
3
4
3
1
2
3
1
2
4
1
2
1
1

中央C
do re mi fa sol la do

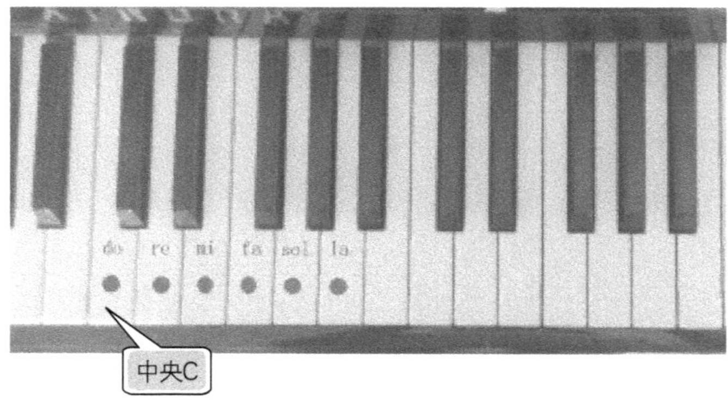

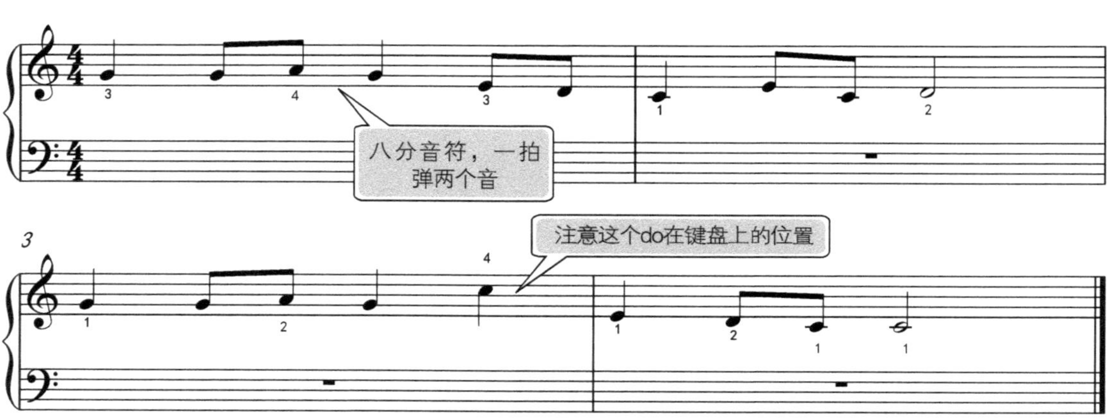

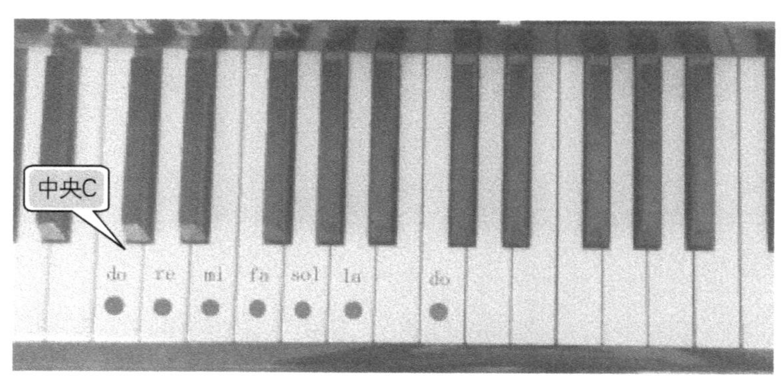

十六分音符

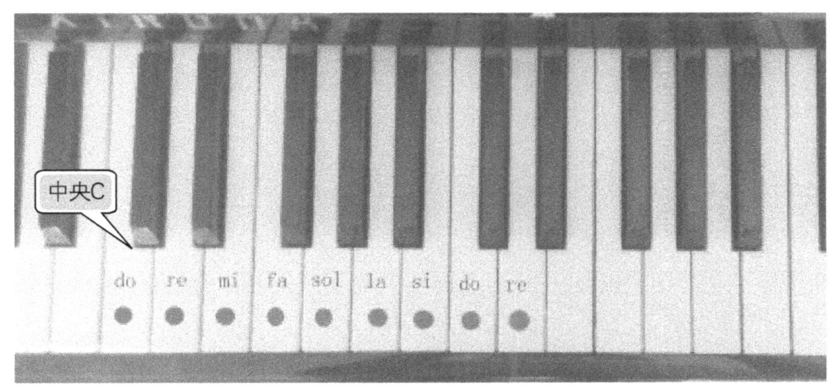

5.2 左手练习

全音符

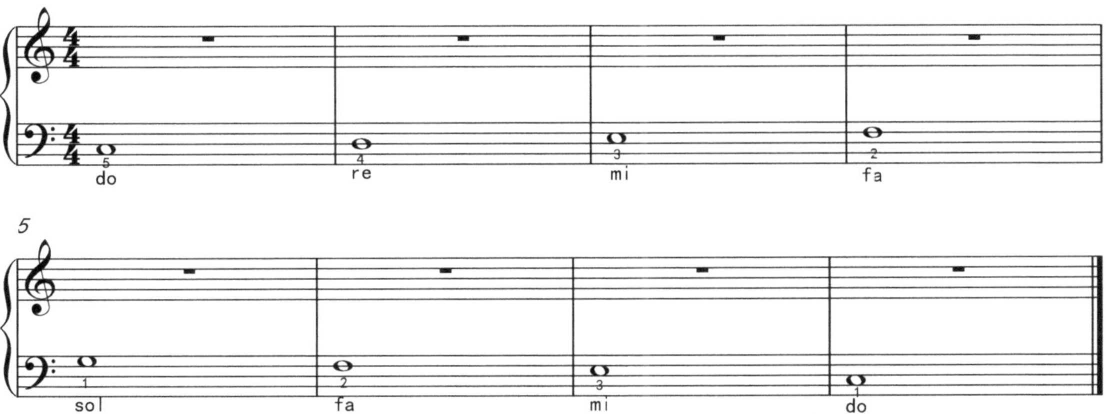

中央C
do re mi fa sol
XINGHA

二分音符

do mi sol mi re la sol fa
5
mi si sol mi re mi do

中央C
do re mi fa sol la si
XINGHA

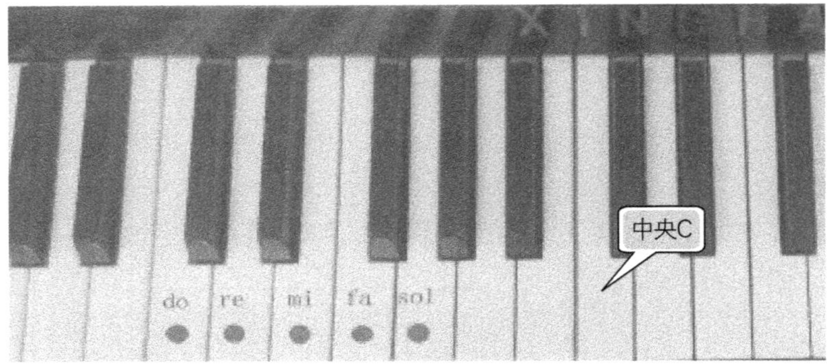

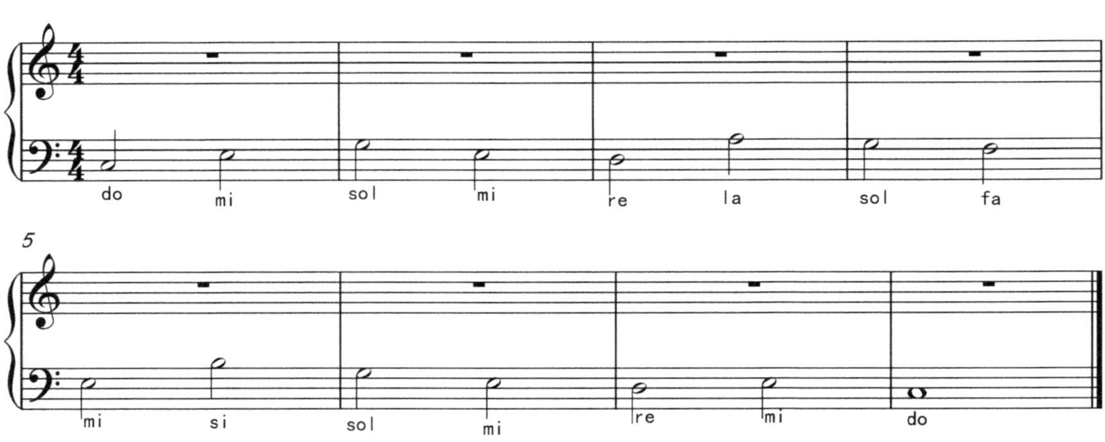

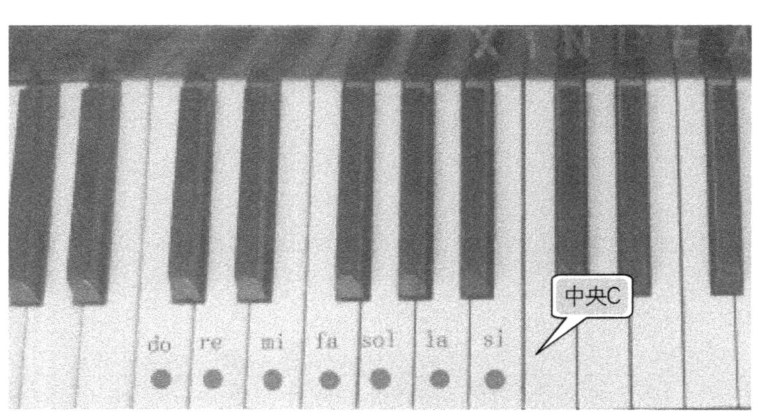

四分音符

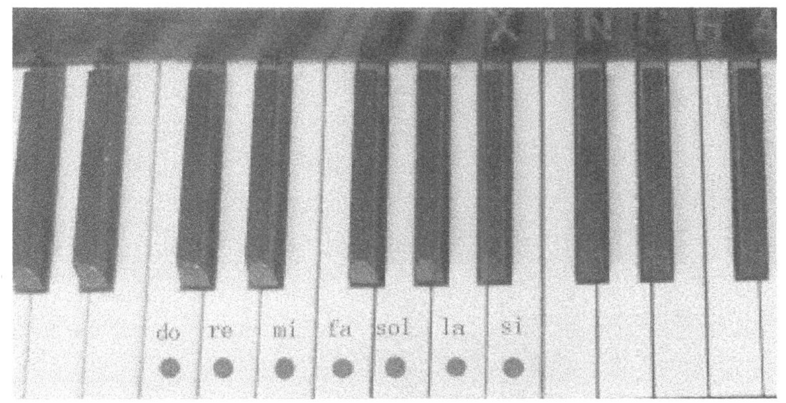

八分音符

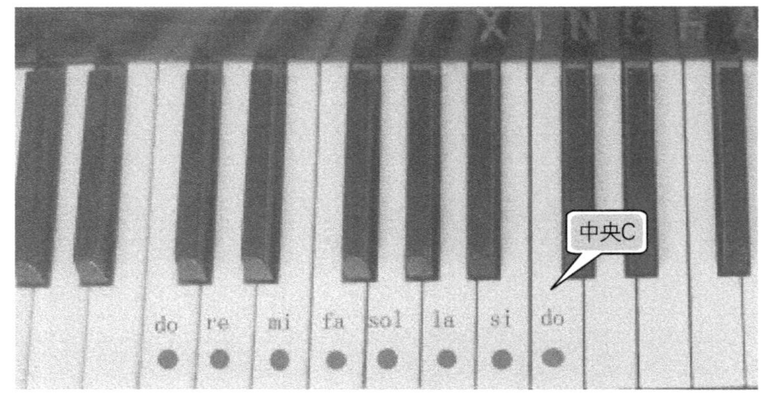

5.3 双手练习

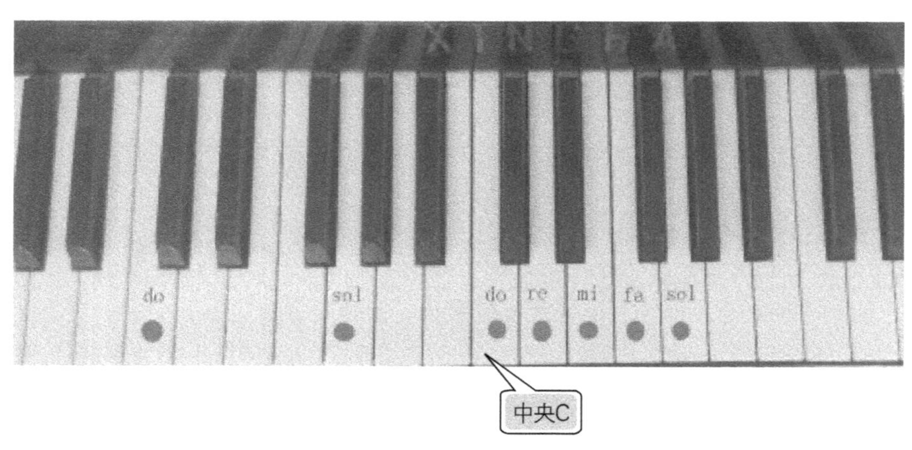

【提示】：在双手练习中，要注意左右手的协调与对应拍子时值的准确，切记要慢弹，不可着急。左手的全音符为 4 拍，右手每小节有两个二分音符，一个二分音符为 2 拍，所以左手一个音要对应右手的两个音。

第 6 节 乐曲练习

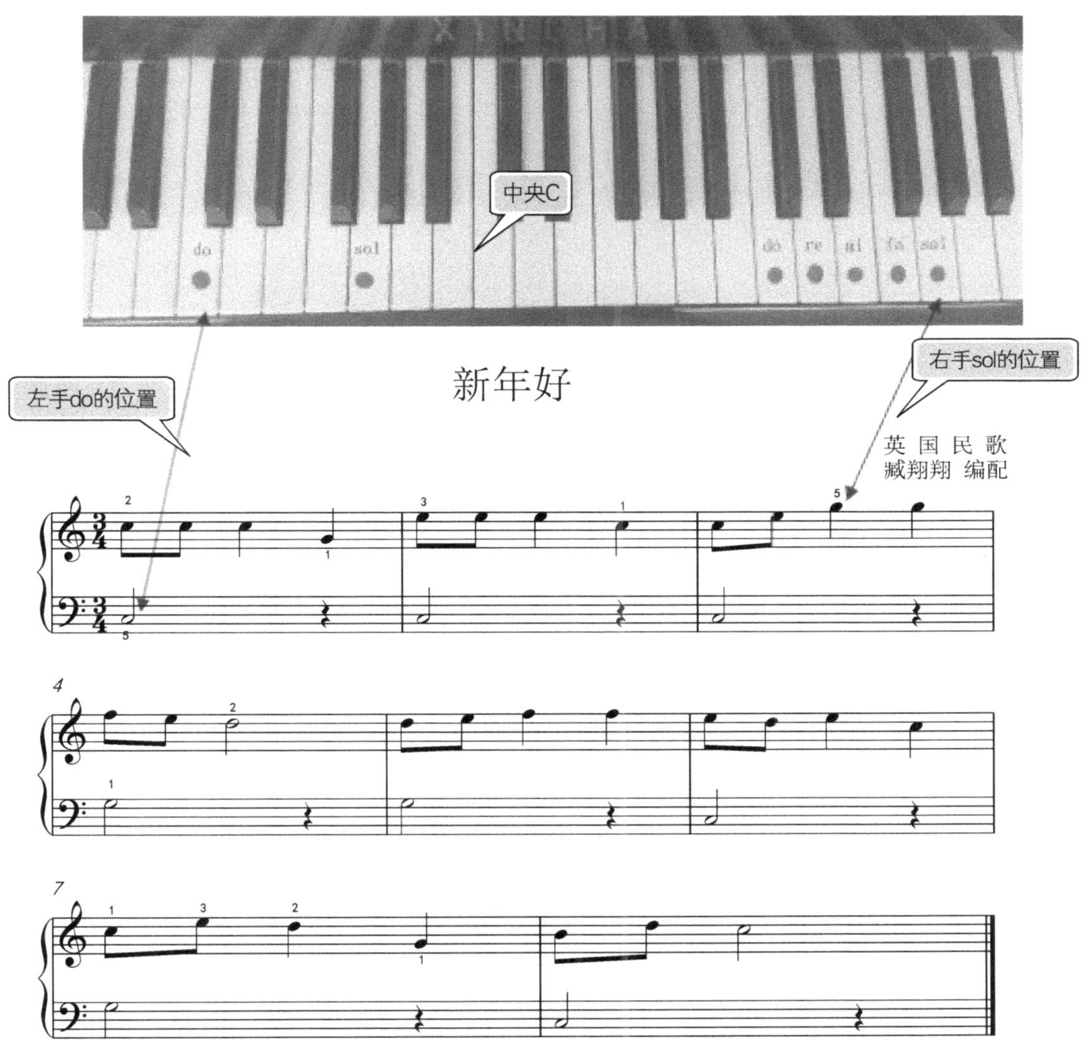

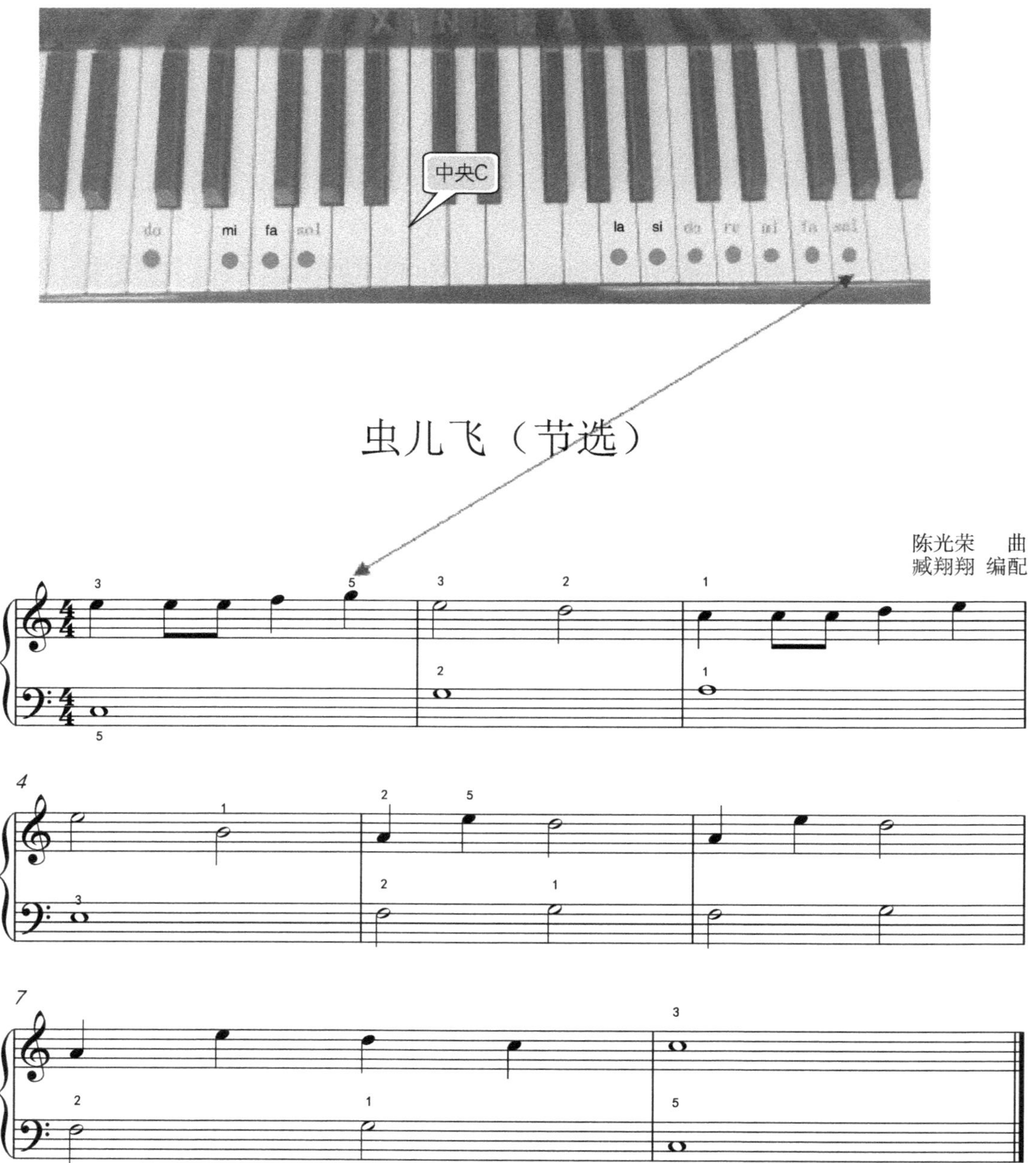

虫儿飞（节选）

陈光荣 曲
臧翔翔 编配

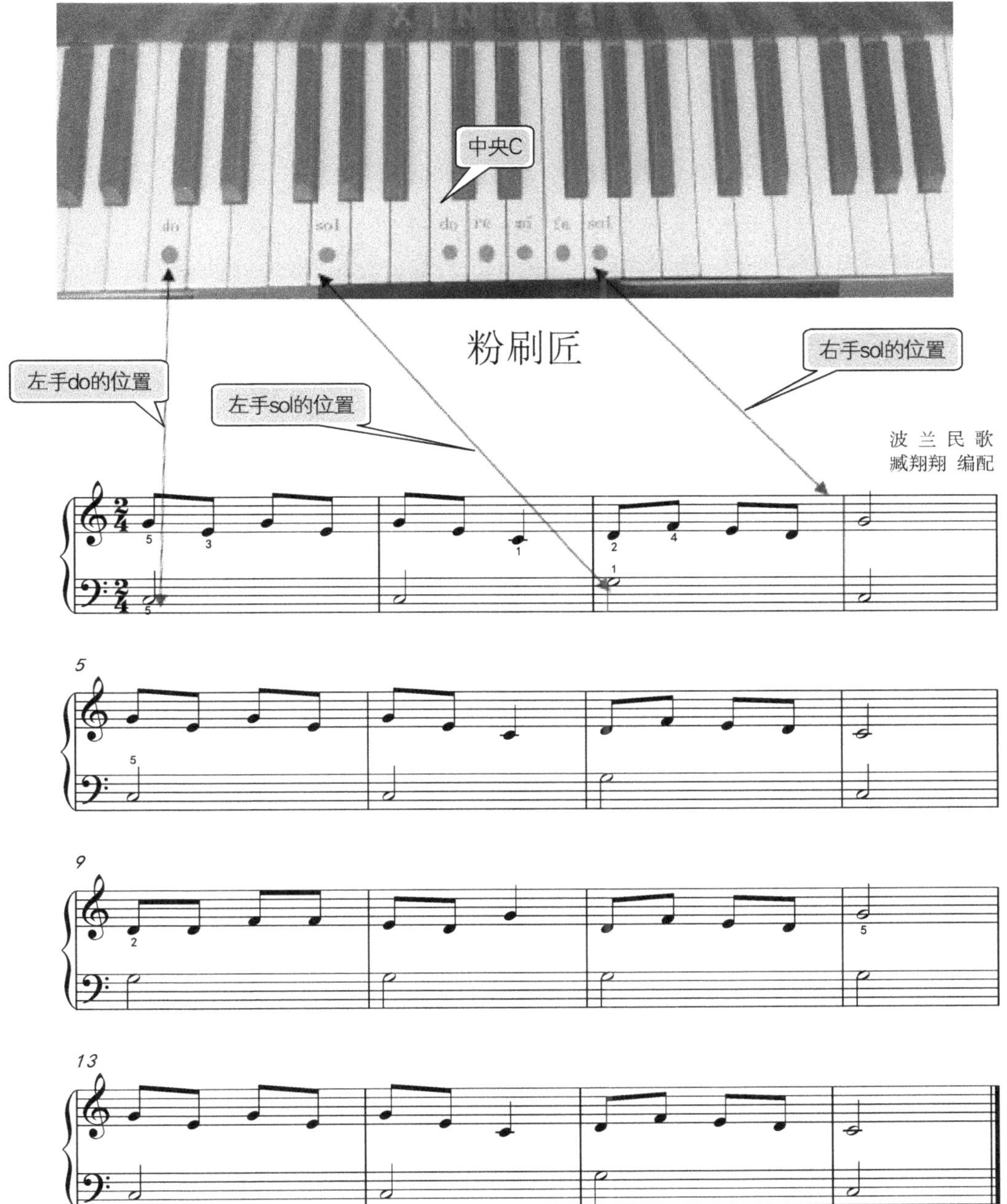
中央C
左手do的位置
左手sol的位置
右手sol的位置
do
sol
do re mi fa sol
粉刷匠
波 兰 民 歌
臧翔翔 编配
5
9
13

第四章　基本演奏符号

第 1 节　连音线与延音线

连音线

"连音线"是音乐的一种演奏符号，它决定着手指触键的方式。它的作用是将一句或者是一段中的几个不同的音符连在一起，就像文章中的标点符号一样。连音线连起来的音代表的是一句话，如图 4-1 所示。

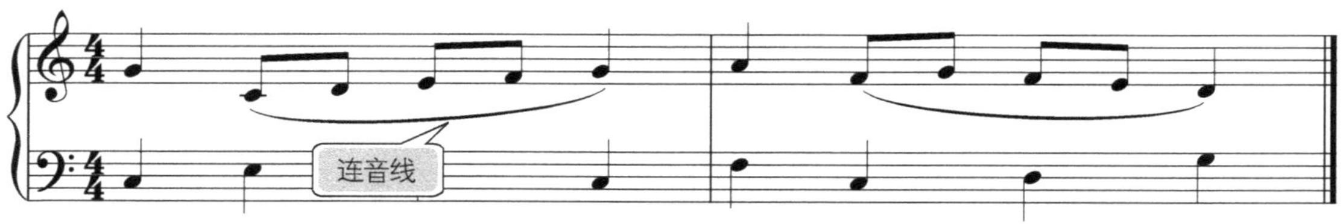

图 4-1 连音线

【注意：】在弹奏连音线内的音符时不能将手指或手腕抬起，每一个手指都要贴键弹奏。（贴键的意思就是手指贴在琴键上连续弹奏，手指不离开琴键）

延音线

"延音线"的作用是将两个相同的音连接在一起，两个相同的音被连接在一起后，后一个音符的时值就增加到前一个音符上面。在弹奏完第一个音符后保持住不松手，直到把后面音符的时值弹满，弹奏时一定要数好拍子，如图 4-2 所示。

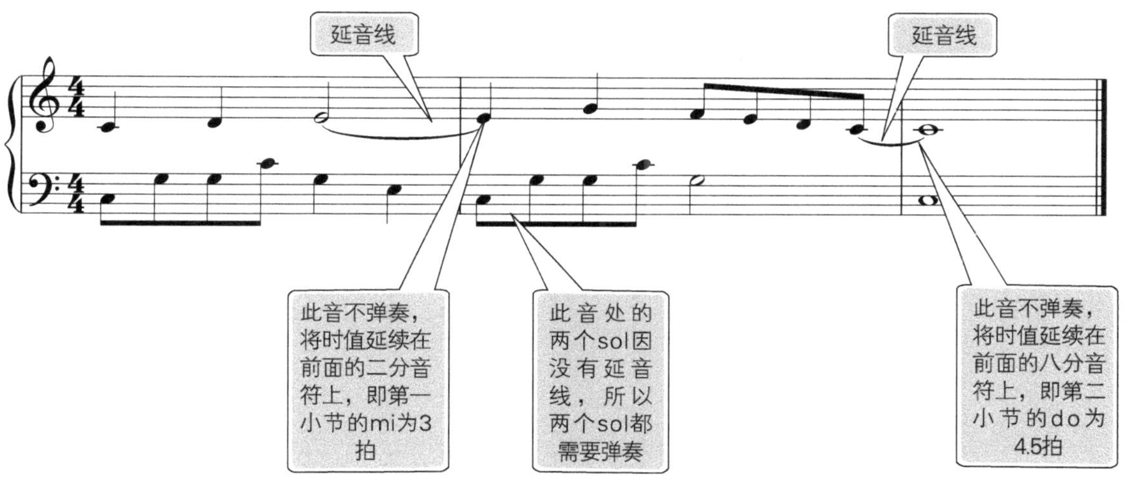

图 4-2 延音线

乐曲练习：

　　"力度"是弹奏钢琴时音量的响度或手指的轻柔度，力度记号通常标记在钢琴谱的音符下面。根据作品所表现的情感和风格不同力度的使用也有所不同，除了严格按照作曲家在谱面上的标注弹奏外，弹奏者也可以根据自己的感受进行相应的力度处理。

　　在下面的表格中列出了常用的意大利语的力度记号，弹奏者在练习过程中可以随时查阅，记住力度缩写可以帮助自己更快速更充分地表达钢琴作品。

力度术语	力度术语缩写	中文含义
pianissimo	pp	很弱
piano	p	弱
mezzo piano	mp	中弱
mezzo forte	mf	中强
forte	f	强
fortissimo	ff	很强
sforzando	sf	突强
crescendo	＜	渐强
decrescendo	＞	减弱

乐曲练习：

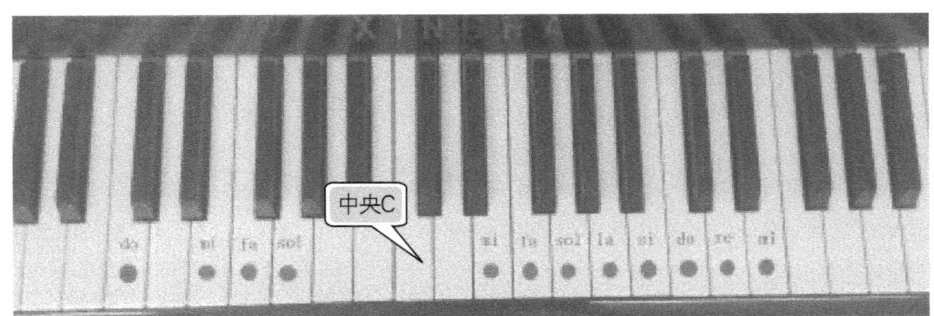

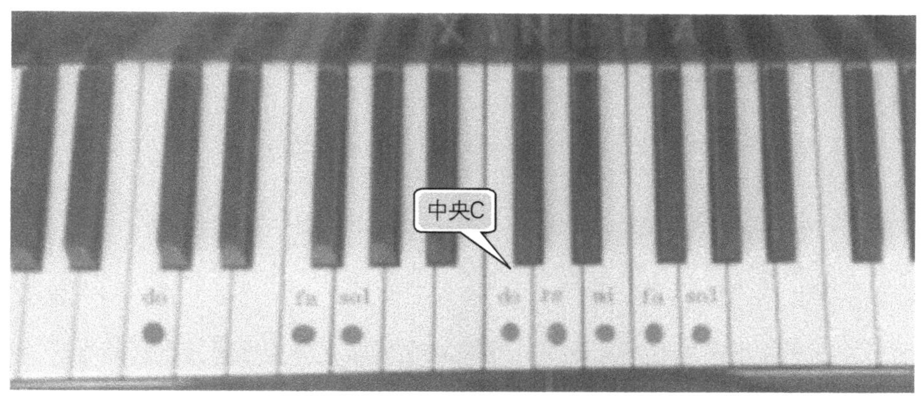
中央C
do
fa sol
do re mi fa sol

渐弱记号，声音越来越小
渐强记号，声音越来越大

断奏也称为跳音，是与连音线的奏法（连奏）相对的一种触键方式，断奏要求弹奏时音要短促且具有跳跃性，就像手指在琴键上触到了针尖一样，手指快速地弹跳起来，这样弹出的音乐干净有力，不拖泥带水。断奏的标记是在音符的符头上方或下方标一个黑色的点，如图 4-3 所示。

图 4-3 断奏

第 4 节　乐句

音乐语言就像文学语言一样，是有句子和段落的。乐句的主要作用是用来停顿和调整，音乐的句子用乐句来表示，段落用乐段表示。分辨音乐中的乐句需要经过长期的实践积累，训练自己的音乐感觉来实现的。当然还需要一定的音乐理论知识，只要通过不断的努力就一定能够掌握。

音乐中的每一个乐句都可以单独的拿出来练习，通过不断的练习可以培养对乐句的识别能力，下面这首乐曲在练习时可以将每个句子拿出来单独练习。

茉莉花(节选)

中 国 民 歌
臧翔翔 编配

第 5 节　反复记号

　　反复记号在日常的钢琴弹奏中经常能够遇到，反复记号的意义在于避免重复的记谱，让谱面更加简洁。

　　常见的反复记号有以下几种类型：

反复类型 1：

演奏为：

反复类型 2：

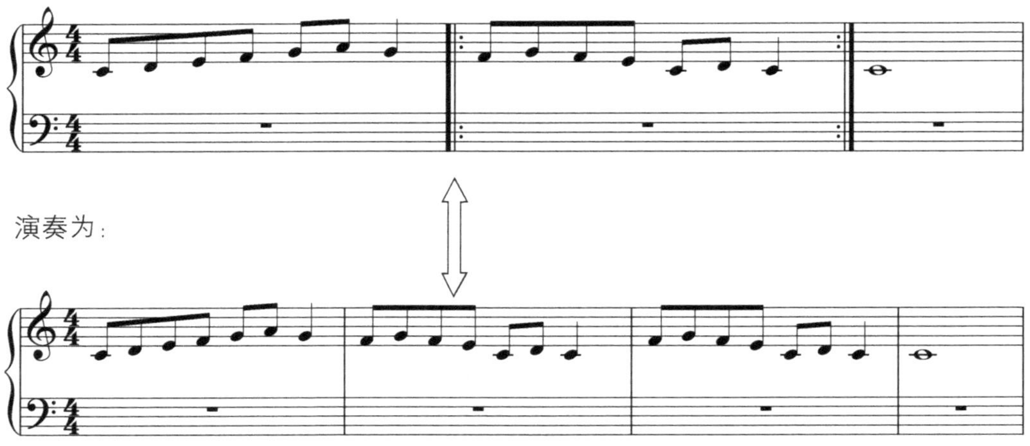

演奏为：

反复类型 3：

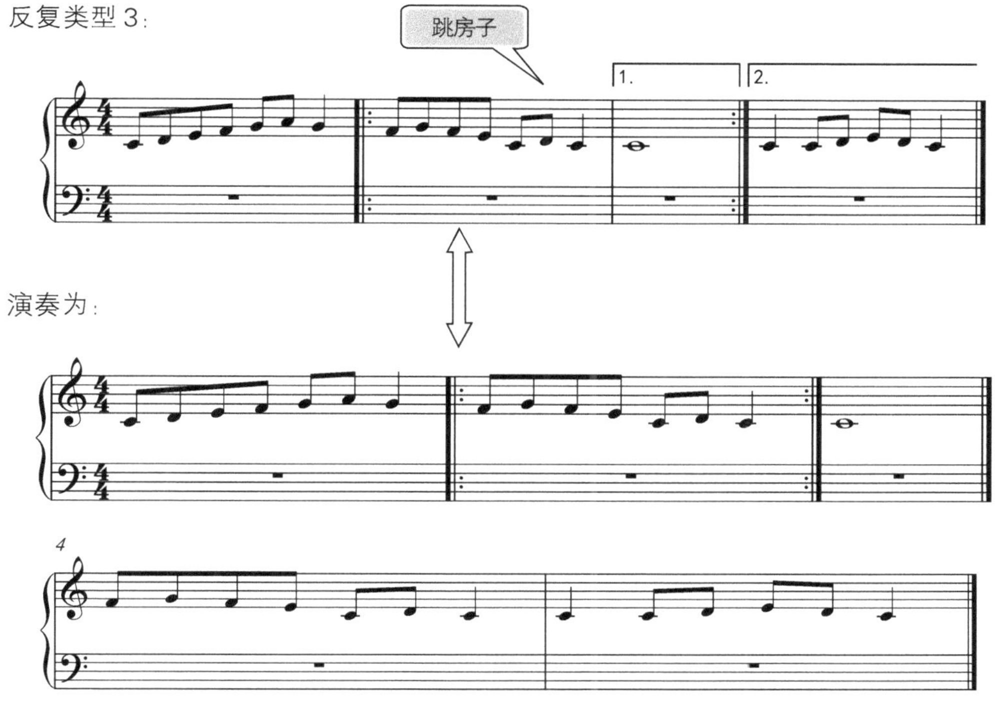

【提示】：跳房子反复之后跳过 1 房子的音符，直接演奏 2 房子，直至结束。

"D.C" 从头反复

D.C 即意大利语 "da capo" 的缩写，意思是从头开始。当乐曲的某处写有 "D.C" 字样，则需要从这个字母处开始从头再次弹奏，直至结束，或者 "Fine" 处。"Fine" 意思为结尾、结束的意思。

"D.S" 从记号处反复

D.S 即意大利语 "dal segno" 的缩写，意思是从记号处反复。当乐曲的某处写有 D.S 字样时，则需要从标有 𝄋 符号的地方开始反复，直至结束或者到 "fine" 处结束。

乐曲练习：

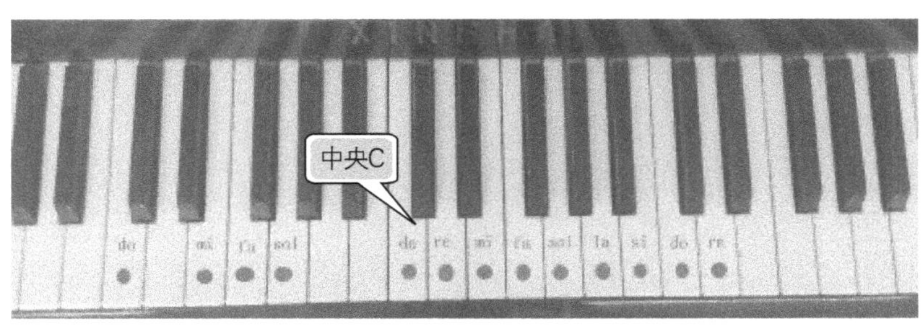

练习曲

臧翔翔 曲

　　"附点"是添加在音符右下角的点，附点的意思为增加前面音符一半的时值。例如：二分附点，即二分音符右下角添加的点，如果二分音符是 2 拍，则二分附点音符为 3 拍。四分附点，如果四分音符为 1 拍，则四分附点为 1.5 拍，如图 4-4 所示。

图 4-4　附点音符

附点练习曲

臧翔翔 曲

洗手绢

汪　玲　曲
臧翔翔　编配

西藏民歌

西 藏 民 歌
臧翔翔 编配

森林里有一棵树

练习曲

第五章　音程与和弦练习

章节概要：

由两个音纵向叠加就构成音程，和弦则是由三个以上纵向的音叠加构成。在弹奏音程与和弦时需要将叠加的音同时弹响。这样的弹奏方法使得音乐变得饱满、悦耳。弹奏时需要注意的是叠加的音必须要弹奏得整齐，否则会影响整体的音乐美感。

第 1 节　音程练习

两个音纵向叠加就构成音程，如图 5-1 所示。常用的音程有二度音程、三度音程、四度音程、五度音程、六度音程、七度音程、八度音程等。

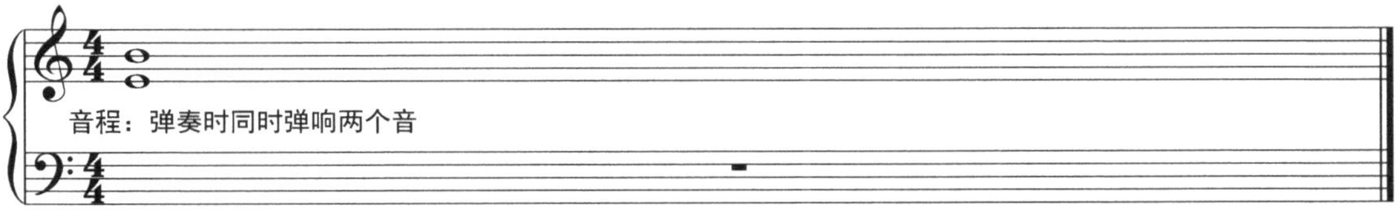

图 5-1　音程

二度音程

　　二度音程有大二度音程与小二度音程之分，大二度音程由三个键构成，即两个键中间要隔一个键，小二度音程由相邻的两个键构成，如图 5-2 所示。

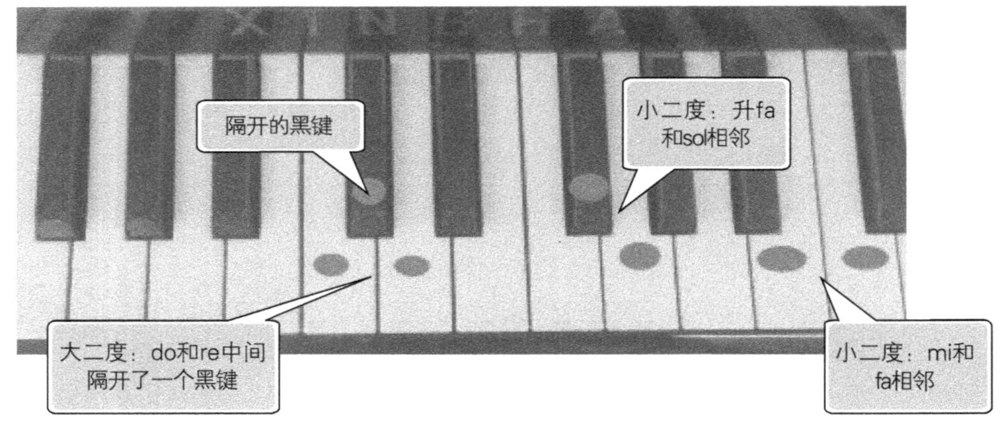

图 5-2 二度音程

三度音程

　　三度有大三度与小三度之分，三度就是跨越了 3 个音的距离，例如：低音是 do，三度音就是 mi，因为从 do 到 mi 为三个音。

四度与五度音程

　　四度与五度为纯音程，分别叫纯四度和纯五度，四度就是从低音开始，往上数四个音，五度是从低音开始，往上数五个音。例如：低音是 re，上方四度音是 sol，上方五度则是 la，其他音程依此类推，如图 5-3 所示。

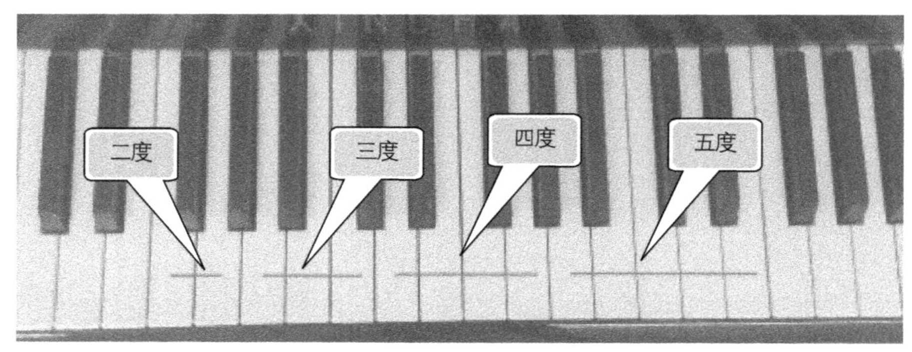

图 5-3 音程的度数

在五线谱上的表现方式为如图 5-4 所示。

图 5-4 音程的记谱

乐曲练习

练习曲

车尔尼（599NO.14）

第 2 节　和弦练习

和弦是由三个以上的音纵向叠加构成的，和弦有柱式和弦与分解和弦之分，如图 5-5 所示。

图 5-5 和弦

2.1 柱式和弦

柱式和弦顾名思义，和弦叠加起来就像柱子一样。与音程一样，柱式和弦的音也要同时弹响。在钢琴作品里，柱式和弦一般用来伴奏。使用柱式和弦伴奏的音乐会变得饱满有厚度，更具有吸引力。柱式和弦最少要由三个音叠加，也可以是四个音、五个音等。

弹出下列的柱式和弦：

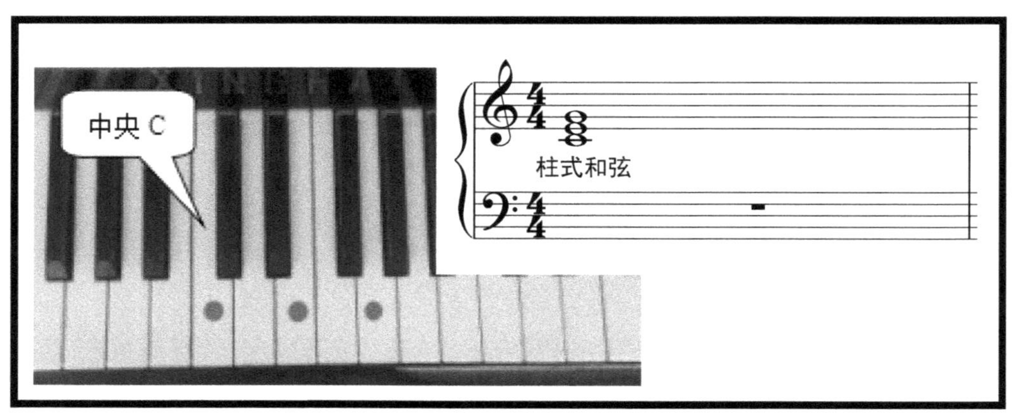

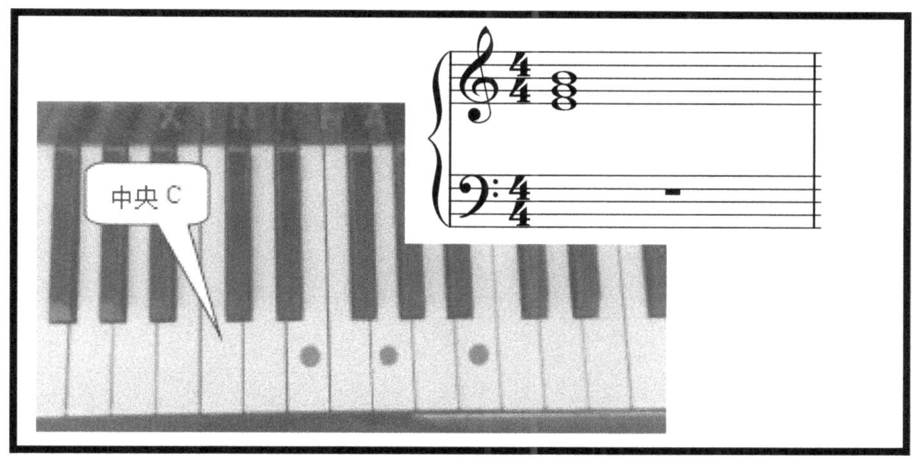

柱式和弦乐曲练习：

练习曲

车尔尼（599NO.11）

2.2 分解和弦

将叠加的柱式和弦拆分开，先后进行弹奏，就变成了分解和弦，如图 5-6 所示。分解和弦给作品增添了更多的动感，节奏也会变得更丰富。

图 5-6 分解和弦

练习带有分解和弦的乐曲时需要注意，要左右手分开来练习。先练习左手的分解和弦再练习右手的旋律，待两只手的弹奏内容都熟悉以后再进行双手弹奏。

练习曲

拜厄（NO.48）

好娃娃

刘剑锋　曲
臧翔翔　编配

中国大戏院

车尔尼练习曲

车尔尼（599NO.32）

拜厄练习曲

第六章　三连音与装饰音

章节概要：

三连音是一种特殊的节奏型，是将一拍平均分成三份从而弹奏三个音的模式。装饰音是钢琴弹奏的一种装饰技巧，在旋律中添加装饰音可以使音乐变得更加悦耳、动听。练习装饰音时一定要注意，装饰音只是对主音引导装饰，弹奏要轻快切不可喧宾夺主。

"三连音"是把整数拍中的两个音平均分成了三份，三个音的总时值是不变的，例如：两个八分音符构成了 1 拍，三连音是将三个八分音符的时值平均分成三份弹奏，时值依然是 1 拍，如果用时间来计算时值，则可以说一拍是 1 秒钟弹奏两个八分音符，三连音则是 1 秒钟弹奏 3 个八分音符，三连音的写法如图 6-1 所示。

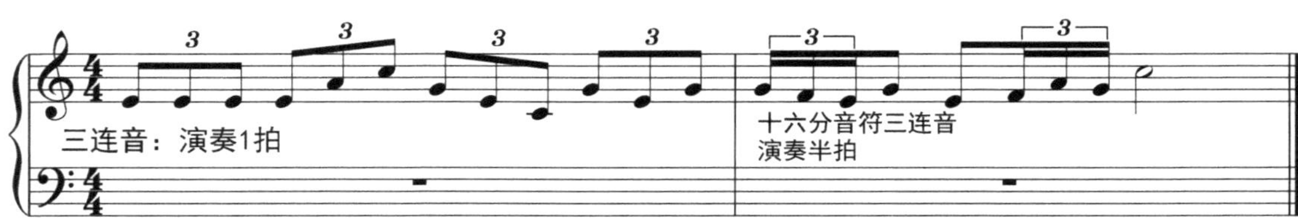

图 6-1 三连音

在做三连音的练习时需要注意的是一定要慢练，左右手分开来练习。

练习曲

臧翔翔　曲

第 2 节　颤音

　　"颤音"是在音符的符头上方添加" $tr\sim$ "，如图 6-2 所示。颤音是最常用的装饰音之一，是将一个音符向上方二度快速反复地弹奏，直至把音符时值弹满，例如二分音符的时值是 2 拍，这个二分音符的颤音要弹奏 2 拍的时值。

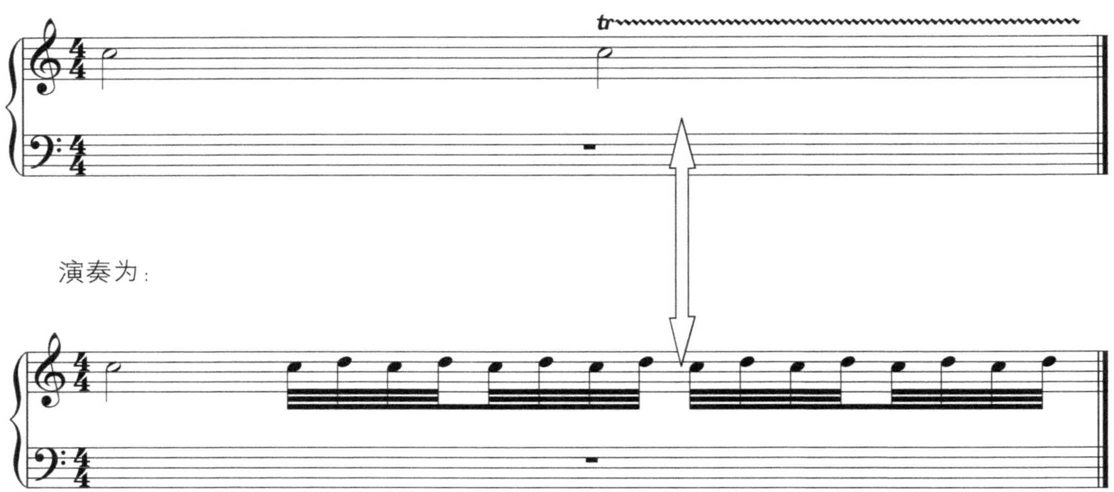

图 6-2 颤音

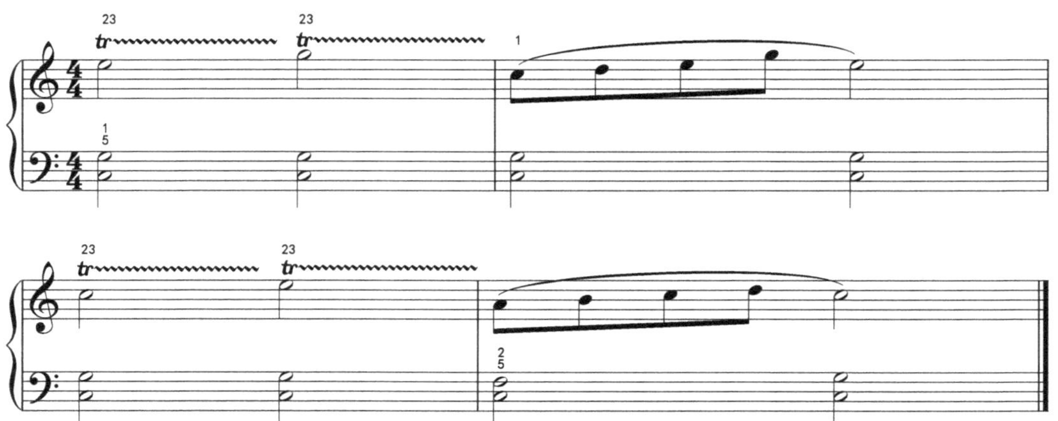

第 3 节　倚音

　　"倚音"是对主音的装饰，是写在音符左边或者右边的很小的音符，并用连音线连接起来。写在主音前面的，要先弹倚音后弹主音，叫前倚音。写在主音后面的要先弹主音后弹倚音，叫后倚音，如图 6-3 所示。

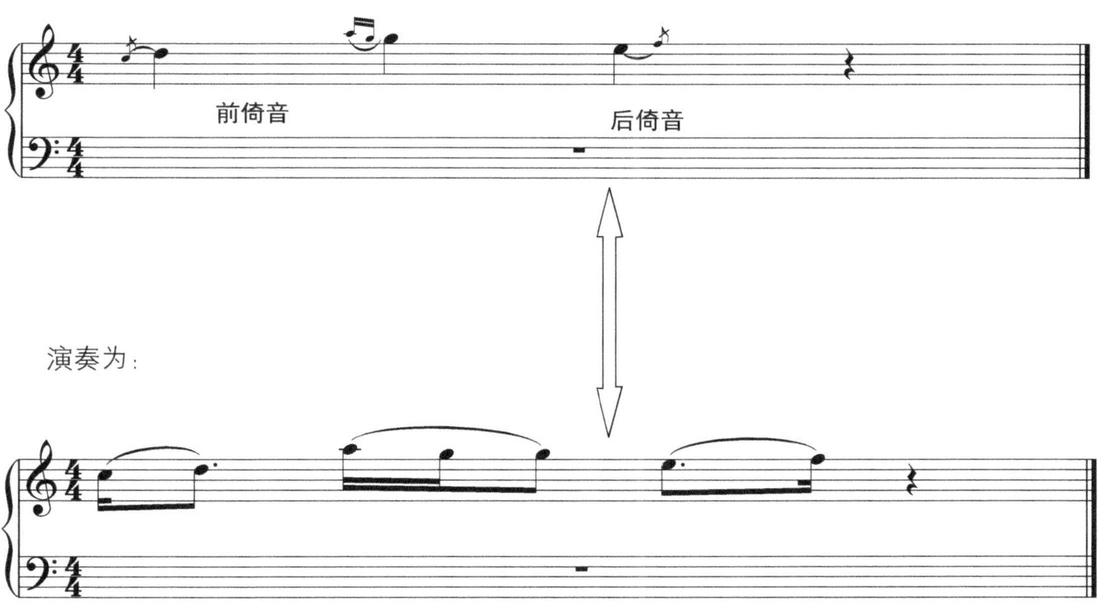

图 6-3 倚音

第 **4** 节　琶音

　　"琶音"意大利语为"arpeggio"，意思为竖琴的风格。琶音的意义在于让和弦中的各个音变得更加流畅，具有流动性，特别是在表现流水这样具有流动性的音乐风格的作品中运用最为合适。琶音与分解和弦有相似的地方，但也有不同。琶音中的各个音与柱式和弦中的音相同，是将柱式和弦中的音分开先后弹奏，如图 6-4 所示。

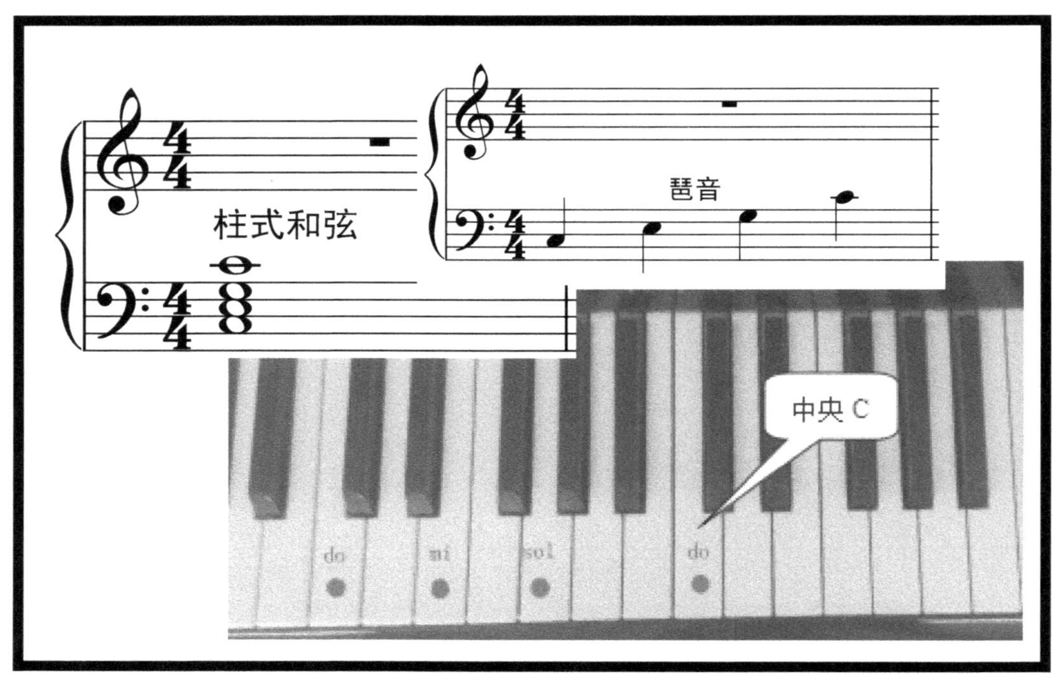

图 6-4 琶音

琶音练习曲

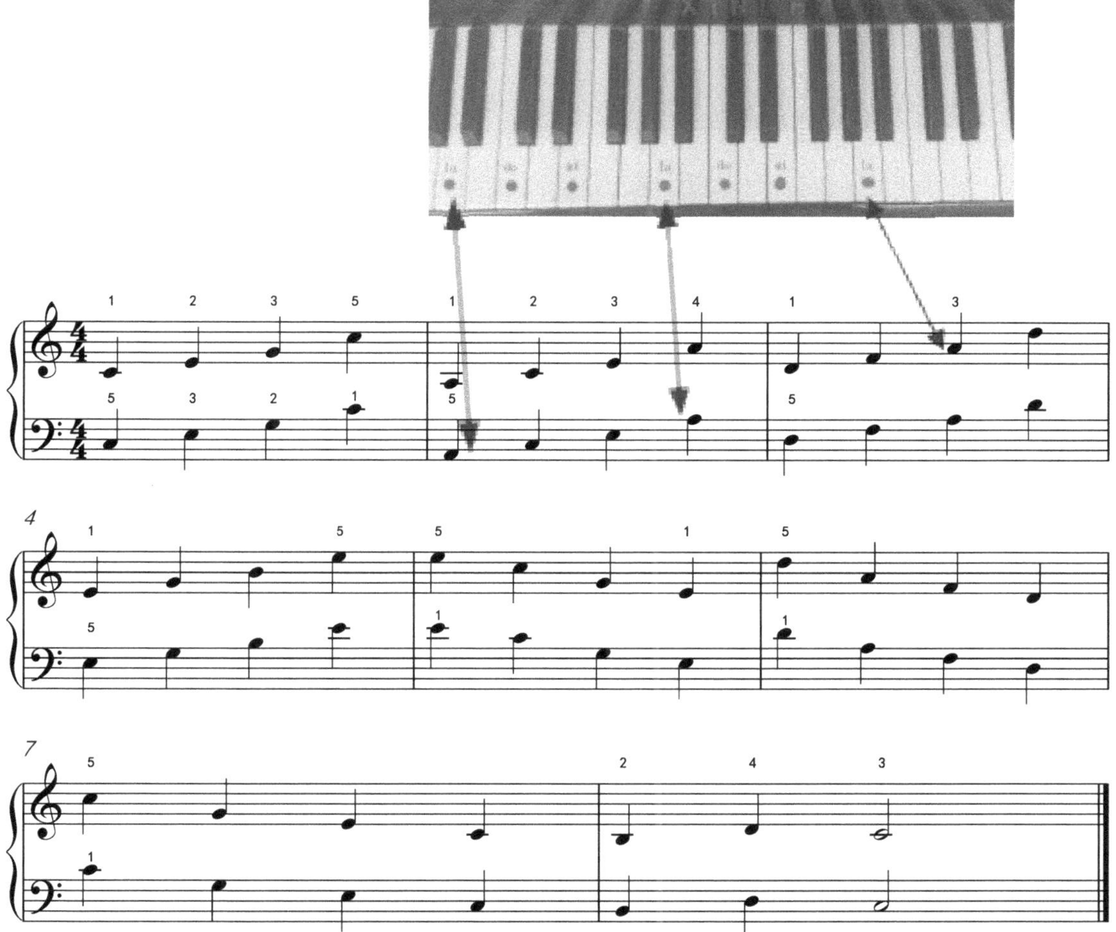

小燕子

王云阶　曲
臧翔翔　编配

练习曲

席特作品 160 之 10

练习曲

车尔尼（599NO.15）

第七章　不同调的乐曲练习

章节概要：

不同的调式有着不同的调号，调号是表示主音音高的一种符号，音乐中常使用的有 24 个大小调。中国音乐使用的是民族调式，西洋音乐使用的是大小调式。在弹奏钢琴时需要很清楚地分辨出歌曲的调式。调式用调号表示，调号则用一个或多个有规律的升号或降号来表示，C 大调无升降号。演奏乐曲时要特别注意分清不同调式中的调号。

第 1 节　调号

　　"调号"是表示主音高度的一种符号，即调的高度。五线谱中的调号用不同的升号与降号表示，如图 7-1 所示。所有调式中除了 C 调没有升或者降号外其他调全部由不同的调号构成。

图 7-1　调号

　　调号中，有七个升记号的调和七个降记号的调，如图 7-2 所示。在钢琴演奏中一定要分辨清楚五线谱上标有不同升降号的符号表示什么调。

升号调：

降号调：

图 7-2 升号调与降号调

调号标在谱号的后面，拍号的前面。在这个位置标的调号表示了曲子属于相应的调式。例如乐曲的拍号前面标有四个升号，表示这个曲子是 E 调。调号标在哪一线或者哪一间，表示相应的线或间上的音要根据调号上的升降号上升高或降低半音。例如 E 调是四个升号，四个升号分别标注在第五线（唱 fa）、第三间（唱 do）、上加一间（唱 sol）、第四线（唱 re），这就表示这首曲子中所有的 fa、do、sol、re 都要升高半音。升高半音就是在键盘上向右边相邻的键移动一次，如图 7-3 所示。

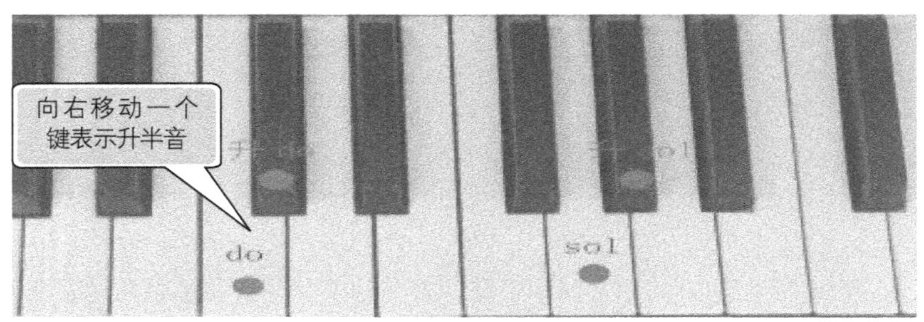

图 7-3 升半音

降半音就是在键盘上向左边相邻的键移动一次，如图 7-4 所示。

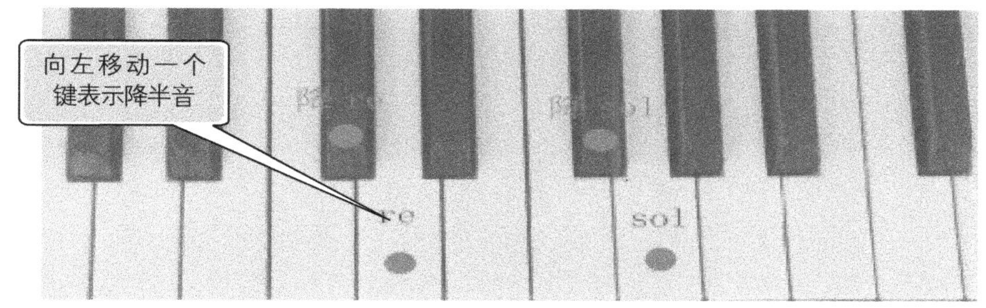

图 7-4 降半音

E 调的音阶与钢琴键盘的对照弹奏如图 7-5 所示。

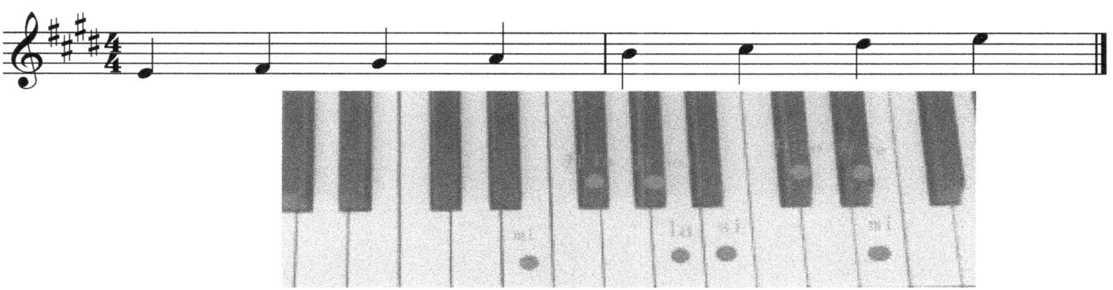

图 7-5 音阶对照表

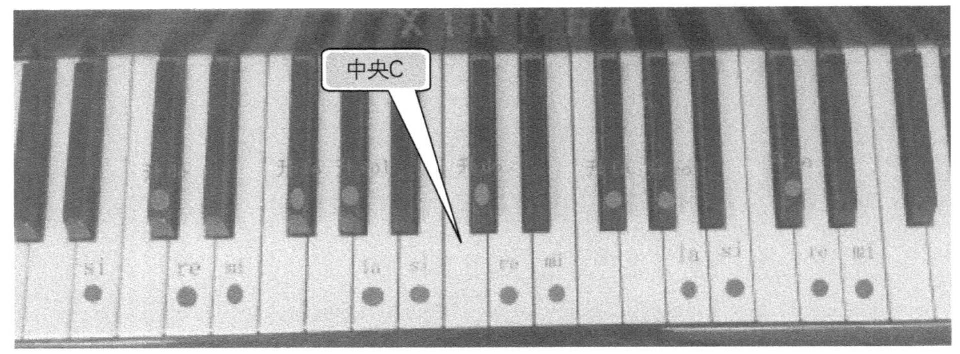

沂蒙山小调

山 东 民 歌
臧翔翔 编配

　　临时升、降记号又称为调式变音记号，是表示自然调式音阶中临时出现的音，例如在 C 调的自然音阶中是没有升记号与降记号的，但是在乐曲中出现了一个有升号或者降号的音，这个音就要通过临时变音记号表示，如图 7-6 所示。

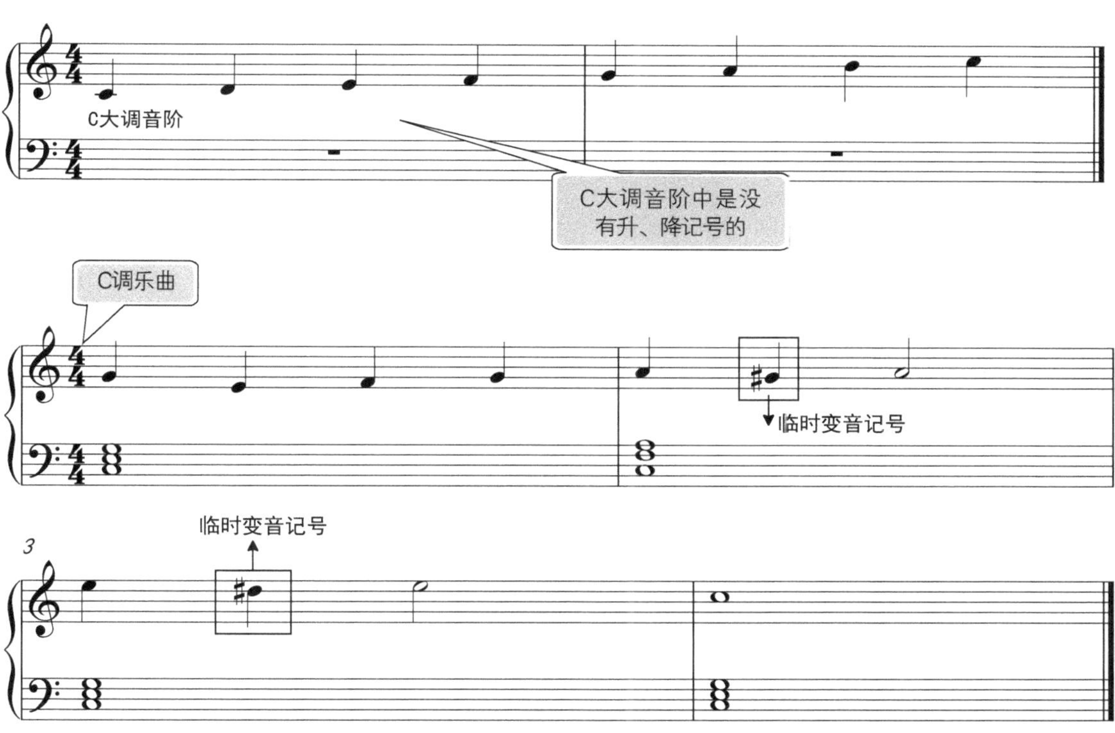

图 7-6 C 调音阶与乐曲

　　把音进行了临时的升高或者降低后，在下一小节再次出现前一小节中的音。如果不再需要升高或者降低，就需要在此音符上标注还原记号。还原记号的意思为将变化的音还原为原来未变化的音，如图 7-7 所示。

图 7-7 还原记号

在所有的调式中只有 C 调是没有升降号的调，C 调音阶中所有的音均在白键上弹奏，如图 7-8 所示。

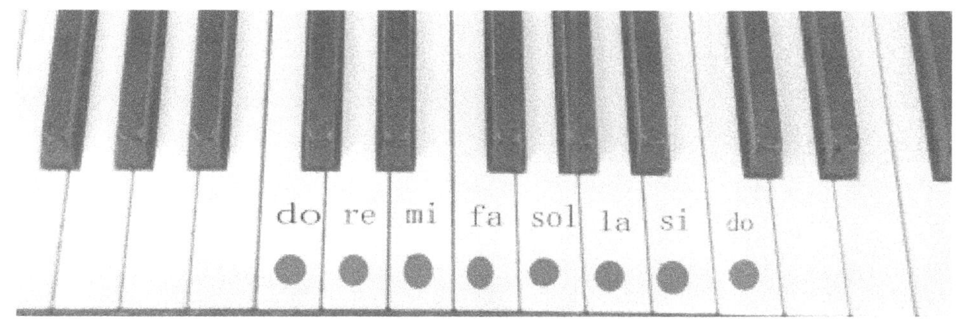

图 7-8 C 调音阶

我爱我的幼儿园

佚 名 曲
臧翔翔 编配

第 4 节　F 调与 F 调乐曲

F 调的调号为一个降号（降 si），如图 7-9 所示。

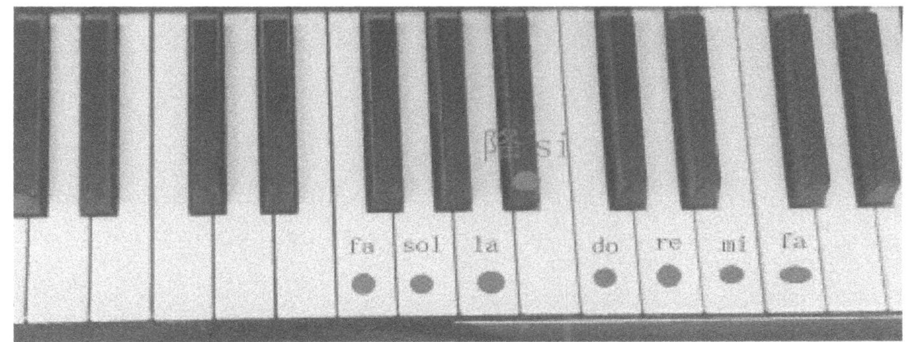

图 7-9 F 调音阶

日出

汤普森 曲

G 调的调号为一个升号（升 fa），如图 7–10 所示。

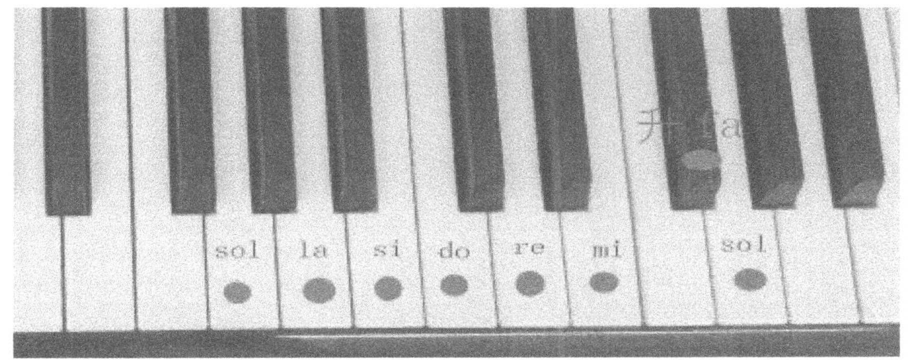

图 7–10 G 调音阶

上学歌

北京音教组　曲

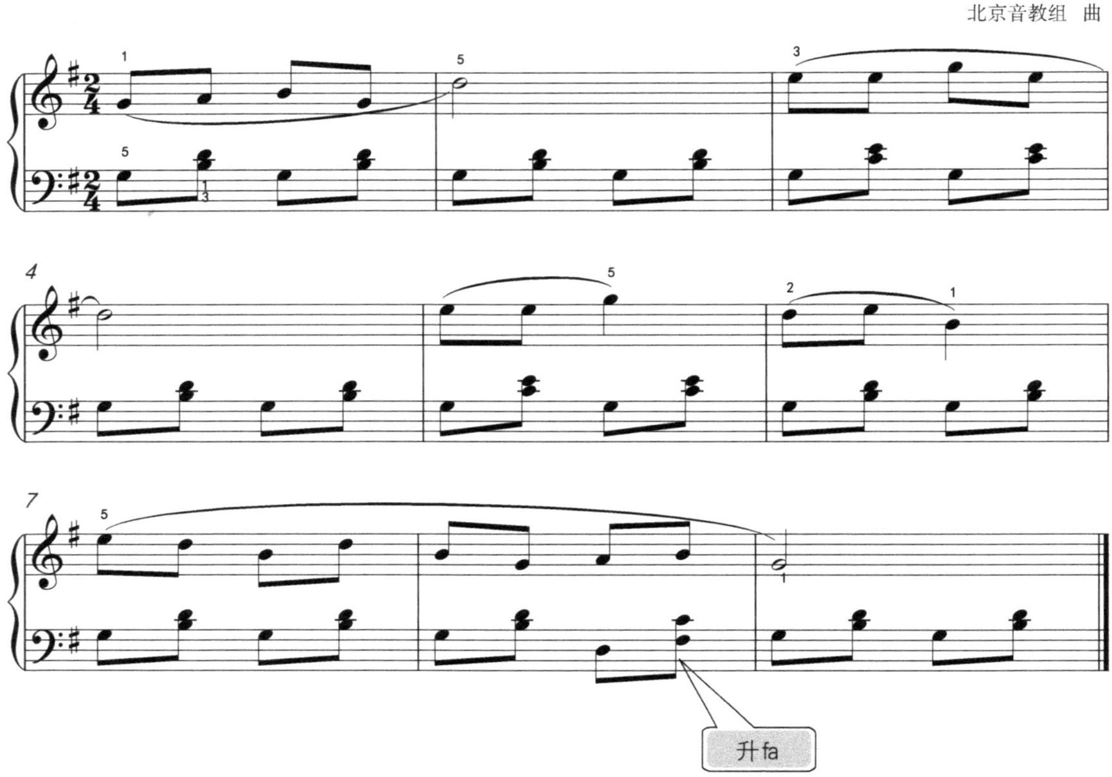

降 B 调的调号为两个降号（降 si、降 mi），如图 7-11 所示。

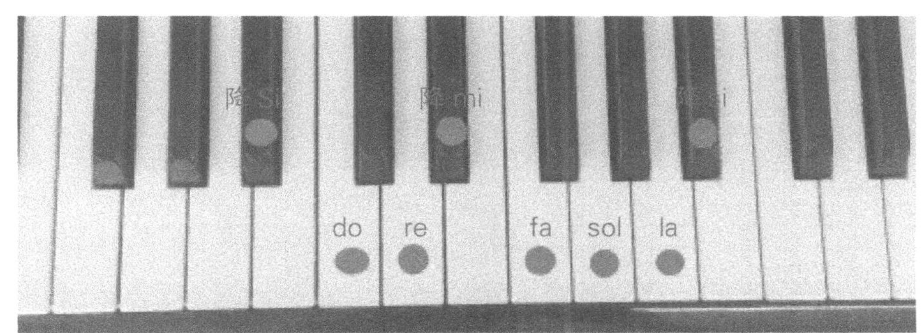

图 7-11　降 B 调音阶

小马

佚 名 曲
臧翔翔 编配

第 **7** 节　D 调与 D 调乐曲

D 调的调号为两个升号（升 fa、升 do），如图 7-12 所示。

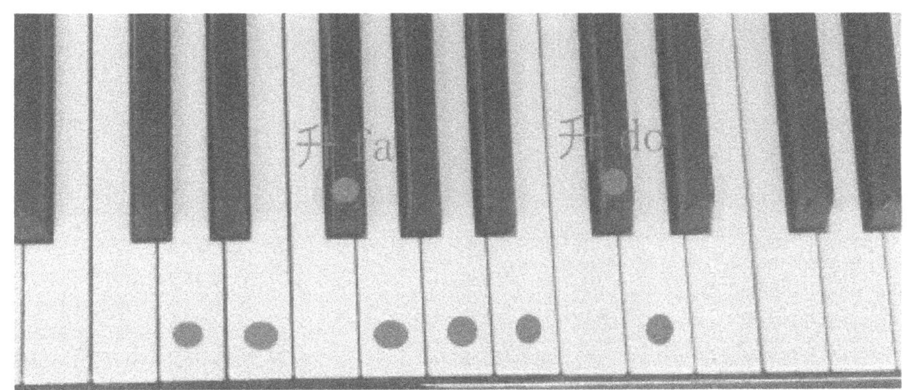

图 7-12 D 调音阶

小雨沙沙

第八章　钢琴乐曲练习

章节概要：

通过以上章节的学习，相信你对钢琴已经有了一定的弹奏基础。本章根据乐曲的类型选编了儿童歌曲、流行歌曲、钢琴小品、经典钢琴曲四种风格的乐曲，每一种风格的乐曲按照都是先易后难的顺序让大家循序渐进地练习，大家只要加以努力一定能够掌握钢琴演奏的技巧，弹奏出美妙的钢琴音乐。

摇啊摇

韩德常　曲
臧翔翔　编配

排排坐

佚 名 曲
臧翔翔 编配

火车开了

匈牙利儿歌
臧翔翔 编配

小蜜蜂

外 国 童 谣
臧翔翔 编配

玛丽有只小羊羔

美丽的棕眼

格雷斯·沃尔斯特 曲
李妍冰 编配

一分钱

潘振声　曲
臧翔翔　编配

送 别

[美] J.P. 奥德维　曲
臧翔翔　编配

春天来了

曹试甘　曲
李重光　编配

祝你生日快乐

英　国　儿　歌
臧翔翔　编配

蜜 蜂

小蝌蚪找妈妈

李重光 曲

闹 钟

李重光 曲

牧羊女

小红帽

娃哈哈

洋娃娃和小熊跳舞

雪绒花

罗杰斯　曲
孙维权　编配

采蘑菇的小姑娘

谷建芬　曲
臧翔翔　编配

戈帕克

乌克兰民歌
[俄] 莫索尔斯基 编曲

虫儿飞

陈光荣　曲
臧翔翔　编配

荷塘月色

张超 曲

25
29
rit
122

星语心愿

小　小

周杰伦　曲

如果云知道

爱的礼赞

梦中的婚礼

塞内维尔·图森 曲

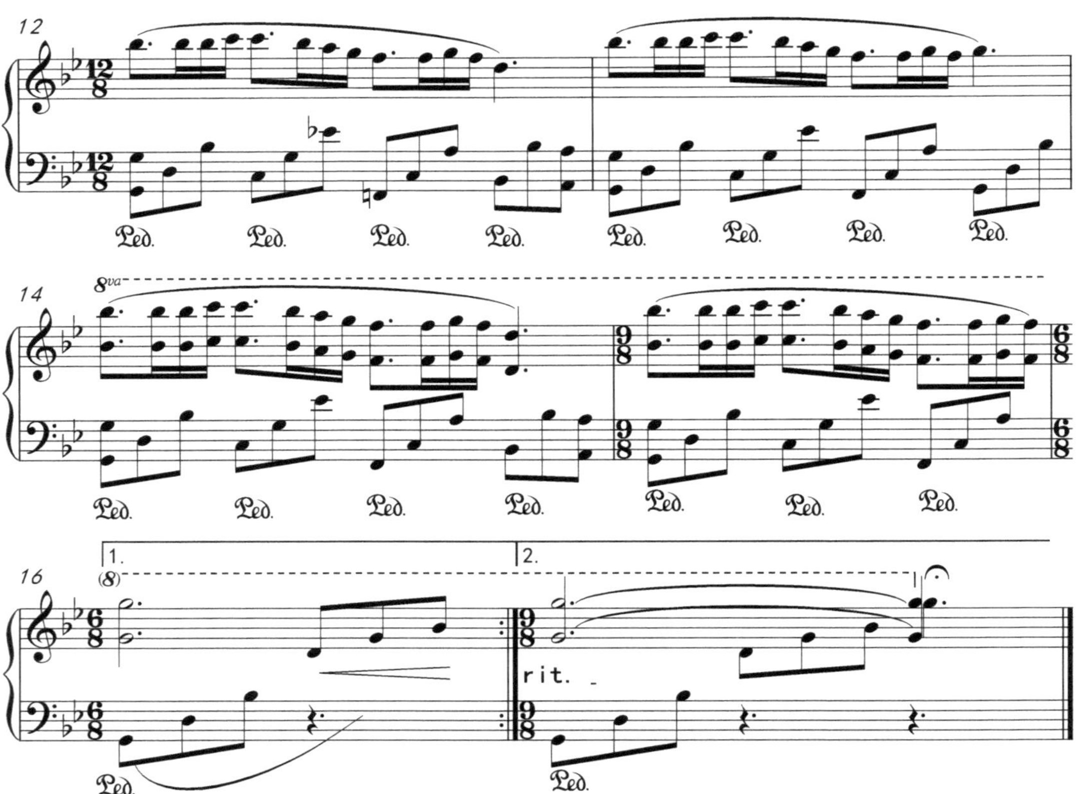

12
14
8va
16
(8)
1.
2.
rit.
132

杜鹃圆舞曲

约纳森 曲

车尔尼练习曲

F大调小步舞曲

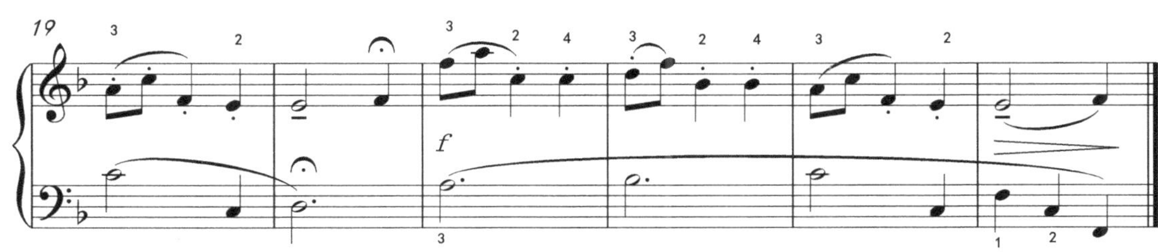

肖邦 a 小调圆舞曲

肖邦 曲

音 乐 术 语

A

a tempo 原来的速度（拍子）

accel 渐快的"accelerando的缩写"

accelerare 加快

accen/accento 重音

accrescendo 渐强

adagio 慢慢的、从容的"缩写为ado"

addolorato 悲伤的

affetto 柔情

al 直到……

al fine 直到结尾处

all ottava alta 高八度

all ottava bassa 低八度演奏

alla coda 结尾部

allentamento 变慢

animoso /con brio有活力的

B

bel/bello 好的；优美的

brio 活力；热情

burlesco 滑稽的

C

cantabile 如歌的

col basso 和低音一样

cresc 渐强

coda 尾声

D

D.C.(da capo的缩写) 从头再奏

da capo 从曲首（再奏一次）

dim 渐弱

doglia 忧伤

dolce 柔和的；甜美的

F

facile 轻松愉快的

ff 更强

fine 结尾

f 强

fp 一响即弱

G

garbo 优美

H

high C 中央C上行一个八度

K

key 键盘

L

largo 大的；广阔的

legato 连结住的（连续的发音，没有间断）

libre 自由的

lieto 欢乐的

lirico 抒情的

lento 慢的

largo 宽广的

low C 中央C下行一个八度

M

mf 中强

manca 左边的

mesto 忧愁的

mp 中弱

N

netto 清爽的

P

pp 很弱

p 弱

pf 不太强

pedal 踏板

pizz 拨奏

poco 稍微；一点儿；少的

poco a poco 逐渐的

posato 安详的

presto 急速的

Q

quieto 安静的

R

rall 渐慢

rit 渐慢

S

sfp 一强即弱

sim 相似的

solo 独唱（奏）

T

tempo I 早先的速度

tie 延音线

tag 尾声

top 键盘最右边的键

V

vivace 活跃的

vago 模糊不清

veloce 快速的

vite 快

vive 活跃的

vivace 迅速的

Z

zart 温柔的

www.ingramcontent.com/pod-product-compliance
Lightning Source LLC
LaVergne TN
LVHW070043070726
842759LV00038B/1120